Ta ~~faiblesse~~ singularité
est ta force

DANIELA DURAND

TA ~~FAIBLESSE~~ SINGULARITÉ EST TA FORCE

Parfaitement imparfait

Tous droits de reproduction, de traduction, et d'adaptation réservés pour tout pays.

Toute représentation ou reproduction même partielle de cet ouvrage, faite par quelque procédé que ce soit, sans le consentement de l'auteur ou de ses ayants droit ou ayants cause, est illicite et constitue une contrefaçon, aux termes des articles L.335-2 et suivant du Code de la propriété intellectuelle.

© 2024 Daniela DURAND
Édition : BoD • Books on Demand GmbH, In de Tarpen 42,
22848 Norderstedt (Allemagne)
Impression : Libri Plureos GmbH, Friedensallee 273,
22763 Hamburg (Allemagne)
ISBN : 978-2-3225-5419-5
Dépôt légal : Août 2024

Dédicace

À mon ami et mentor John C. Maxwell

Remerciements

Merci à toute l'équipe qui a rendu possible la réalisation de cet ouvrage.

Merci à mon mari David qui est la lumière de ma vie et le soleil de mon âme.

Merci à mes enfants, Aurélien, Maximilien, Angélique et Valentine de soutenir mes projets avec tant d'amour.

Merci à mon amie psychologue Muriel Vignau-Colombiès pour sa collaboration dans cet ouvrage. Muriel tu es une amie merveilleuse.

Merci à vous cher lecteur.

Merci à mon Père sans qui ce livre n'aurait jamais existé.

Introduction

Nous vivons dans un monde véhiculant l'idée que la vulnérabilité est une chose mauvaise, une tare, une source de honte. Le monde vit dans une course « anti-vulnérabilité », « anti-faiblesse », « anti-échec ». Ce courant de pensée a pénétré un grand nombre de personnes. Pour rester dans cette course, les personnes vivent recouvertes de dettes, de complexes, d'insatisfaction, de mensonges, qui finalement les bloquent ou les limitent dans leur vie, dans leurs relations, dans leurs projets.

Ce phénomène s'est aggravé à travers les réseaux sociaux.

Toutes souhaitent être plus fortes, plus intelligentes, plus douées, plus riches, plus, plus, plus, plus, qu'autrui sans que ceci leur coûte quoi que ce soit. D'autres attendent que la vie leur donne un gâteau, mais la vie leur a donné de la farine, du sucre, des œufs, du lait et un four. Cependant, elles continuent d'attendre un gâteau. Cet objectif étant impossible à atteindre, cette course effrénée et interminable génère chez les personnes une série d'émotions inconfortables et nocives telles que la jalousie, la colère, la tristesse...

La réalité est que cette manière d'agir n'a pas lieu d'être, car vous êtes unique. Pas seulement par votre patrimoine génétique, mais aussi par votre parcours. Ce que contient votre enveloppe corporelle se trouve uniquement en vous, en personne d'autre que vous. Votre parcours de vie vous rend spécial.

Dans cet ouvrage, j'aimerais vous parler de vulnérabilité, des faiblesses, des failles, des échecs qui font l'authenticité, qui font votre singularité et que vous pouvez utiliser pour inspirer et encourager des personnes autour de vous, tout comme l'ont fait Nick Vujicic, Beethoven, mon amie et mentor Rachelle Daigle qui réalise des peintures magnifiques alors qu'elle est daltonienne (elle a fait le dessin de couverture de mon ouvrage « La puissance de la réflexion »). La liste des personnes qui m'inspirent est longue, et ces personnes m'inspirent moins pour le succès visible de leur vie que pour leur vulnérabilité convertie en singularité qui a façonné leur caractère et fait d'elles des personnes inspirantes.

Cet ouvrage va vous aider à construire quelque chose de significatif avec votre ~~faiblesse~~ singularité.

> « Rêve grand, commence petit, agis maintenant. »
>
> — *Robin Sharma*

Sommaire

Enseignements

1. Définition de faiblesse..................15
2. Définition de force..................39
3. Caractéristiques de la personnalité..................65
4. Connaissance de soi : Qui es-tu?..................85
5. Construis avec ta singularité ou "faiblesse"....115
6. Vis avec ta singularité ou "faiblesse"..................141
7. Réussis avec ta singularité ou "faiblesse"........171

Annexes

La recherche de la perfection par la psychologue:
Muriel Vignau-Colombiès..................201
Articles..................219
Informations pratiques..................243
Références..................245

« Vos circonstances actuelles ne déterminent pas où vous pouvez vous rendre ; elles déterminent simplement où vous pouvez débuter. »

– Nido Qubein

1

Définition de faiblesse

« Un esprit solide dans un corps humain, c'est la plus grande force dans la plus grande faiblesse. »

— Isocrate

Nous pouvons entendre plusieurs opinions sur le mot, le concept ou la signification de « faiblesse » ou « vulnérabilité ».

Un jour, une de mes filles pleurait et une adulte bien intentionnée à côté d'elle lui a dit : « Ne pleure pas tu es forte ! » Nous regardons le monde environnant depuis la condition spirituelle et psychologique de notre cœur.

Cependant, il y a des principes universels qui font que notre société fonctionne. L'ignorance est davantage devenue une « excuse » pour refuser la sagesse et l'intelligence. De nos jours, vous pouvez constater que nous ne manquons pas d'informations. Nous sommes bombardés quotidiennement par toutes sortes d'informations dans tous les domaines. Si vous souhaitez, par exemple, faire un gâteau, combiner vos vêtements, devenir meilleur, vous pouvez obtenir les informations recherchées en un clic. Par suite, je pense que les tenants de nos agissements, de nos rapports avec les autres sont moins liés à une connaissance ou un manque de connaissance qu'à la condition dans laquelle se trouve notre intérieur, qu'au niveau dans lequel se trouve notre caractère, qu'à l'état de guérison dans lequel se trouve nos blessures, notre niveau de conscience.

Bien entendu, j'ai expliqué à ma fille qu'elle pouvait pleurer et être forte.

Notre corps produit trois types de larmes : *les larmes protectrices*, ce sont des larmes réflexes apparaissant quand nous coupons un oignon ou quand nous sommes exposés à la fumée par exemple. *Les larmes basales* constituées d'un liquide antibactérien riche en protéines qui garde les yeux lubrifiés. Et *les larmes émotionnelles* ou psychiques, qui sont produites par une émotion. Ce sont ces dernières qui nous intéressent dans ce chapitre.

Les larmes sont déclenchées par une partie du cerveau qui envoie des signaux au système limbique gérant les émotions. Les larmes nous aident à conserver une vision claire et une surface oculaire saine. Les larmes jouent un rôle primordial dans notre santé. Nous avons été créés avec une grande perfection et un soin minutieux dans chaque détail. En résumé, nous avons besoin de pleurer pour notre propre bien-être. Notre créateur a placé en nous ce qu'il nous faut pour que ces larmes se déclenchent afin que nous restions en bonne santé. Avez-vous remarqué comme cela fait du bien de pleurer ? Cela fait du bien de pleurer, car ce processus libère des endorphines qui sont les hormones du bien-être améliorant notre humeur et réduisant dans le même temps les hormones du stress telles que le cortisol. Les capacités cérébrales d'un bébé sont encore immatures et ses pleurs sont essentiellement une forme de communication. Mais, adultes, nous pleurons de tristesse ou parfois même de joie. Nous ne pleurons PAS par faiblesse.

Alors si, parfois, vous souhaitez pleurer, pleurez ! L'acte de pleurer n'a aucun lien avec qui vous êtes, avec ce que vous êtes.

Définition de faiblesse

Selon le dictionnaire Larousse, la faiblesse désigne un manque de vigueur physique, une perte de forces, un manque de solidité, de résistance, un manque d'énergie, d'intensité. Comme synonymes, nous pouvons citer :

déficience, épuisement, fatigue, fragilité, vulnérabilité, asthénie.

Donc, en substance, la faiblesse est un manque de quelque chose en nous.

Ce manque fait que les personnes se limitent elles-mêmes, croyant fermement que, comme elles manquent de ceci ou de cela, elles ne peuvent pas accomplir ce qu'elles souhaitent. Chez certaines, ce manque peut conduire à une grande insatisfaction.

Pourquoi ce manque conduit-il certaines à ressentir autant de rejet et d'insatisfaction ?

La faiblesse est simplement la capacité limitante dans un domaine donné. Mais, certaines personnes s'obstinent tellement à vouloir obtenir des capacités dont elles ne disposent pas qu'elles passent complètement à côté de tout ce qui doit être développé en dépassant « les limitations » ou « faiblesses ». Je dis bien en « dépassant » et non en transformant. Je ne suis pas douée pour le chant. Ainsi, acquérir une belle voix exigerait de moi un tel travail permanent et à vie que je serais conduite à négliger totalement le développement de mes forces. Alors, je n'utilise pas ma voix pour chanter, mais pour donner des conférences. Dans une de mes consultations DISC, un jeune m'a demandé s'il était possible de travailler tous les traits de notre personnalité afin de devenir parfait en tout, excellent et de se démarquer. En tant que consultante en analyse comportementale, je peux vous affirmer que ceci n'est pas possible. La question de ce jeune était très intéressante parce que, depuis sa perspective, exceller et se démarquer signifient avoir des capacités développées dans les différents traits de personnalités proposées par la méthode scientifique DISC. Or, justement, ce qui vous distingue des autres est votre singularité. Pour ce qui concerne l'excellence, celle-ci est un choix qui ne dépend que de vous. Il faut que vous preniez conscience que vous n'êtes pas « nul », car vous n'avez pas la capacité de respirer sous l'eau. Vouloir respirer sous l'eau exigerait de vous une transformation qui vous coûterait toute votre existence, toute votre vie. La problématique est le manque de connaissance de soi.

Chaque personne est un reflet de son enfance. Si une personne se croit, ou se sent nulle quelque part, c'est qu'elle a entendu ces appréciations sur elle, et celles-ci se sont ancrées dans sa mémoire au point de faire naître une croyance limitante. Ainsi, nous avons pris conscience de cette « faille » parce que quelqu'un d'autre l'a exposée. « Tes dessins sont moches », « Tu ne cours pas vite » « Tu joues mal de tel ou tel instrument »... Parfois, dans des conversations, nous pouvons dire des phrases telles que « je n'ai jamais été doué pour... » « on me l'a toujours dit... ». Ces points faibles s'expriment en nous à travers des moments passés d'échanges avec des personnes qui ont posé ces phrases sur nous et qui s'imposent régulièrement à notre conscience.

J'ai accompagné une personne en coaching durant quelques années, et depuis toujours son slogan était « je vais y arriver, je sais que je peux le faire, ceci ne représente aucun défi pour moi... » Le problème était qu'elle ne pouvait pas tout réussir ce qui était normal. Mais cette situation créait en elle de grands états de frustration. La réalité est qu'il y a des expériences de vie que nous pouvons réussir et pas d'autres et ceci est normal. Vous avez des capacités en vous qui ont été développées au fur et à mesure de votre parcours de vie. Attention, bien sûr qu'il faut être positif et avoir une attitude de réussite, mais en conservant un regard réaliste sur qui vous êtes. Il y a une différence notable entre espoir et enthousiasme.

Vos possibilités ne sont pas figées dans vos faiblesses.

Comme je vous le disais, je ne suis pas douée pour le chant. Si je m'obstine à vouloir devenir chanteuse, je me trouverai figée dans les possibilités de ma faiblesse. Nous devons apprendre à identifier une capacité peu ou pas développée, cachée ou pas encore découverte, que nous pouvons travailler. Vous souvenez-vous ? La faiblesse est un manque de quelque chose.

Durant une grande partie de ma vie passée, j'ai cru que je n'aimais pas lire. J'étais très frustrée, car je considérais que ne pas lire était grave. Je considérais que la lecture faisait partie intégrante de notre bien-être et d'ailleurs je le pense toujours. Quand j'étais à l'université, pendant mes études de droit, c'était encore plus frustrant puisque j'avais beaucoup à lire et à écrire. À un moment donné, je me suis sentie incapable. Cette situation, selon moi, confirmait que je « n'étais pas faite pour la lecture et encore moins pour l'écriture ». La réalité était très simple : je n'aimais vraiment pas les études de droit et cela ralentissait mes capacités cognitives. Quelques années plus tard, j'ai commencé à étudier ce que j'aime véritablement : le bien-être de l'être humain. J'ai découvert que je suis une grande passionnée de lectures, de recherches, d'analyses. J'aime également rédiger. Durant mes études supérieures en Bible et théologie, j'ai rédigé une centaine de dissertations d'une centaine de pages chacune (si je compte uniquement la licence). À l'époque de mes études de droit, j'ai affirmé que la lecture et la rédaction n'étaient pas pour moi puis j'ai pu identifier une capacité qui était en moi, mais cette capacité était à l'état « brut ». Alors attention, il ne s'agit pas de laisser tomber quand vous ne pouvez pas faire quelque chose, mais d'identifier si la capacité est réellement inexistante ou pas. Si la capacité n'existe pas, c'est OK. Vous n'êtes pas sur terre pour être capable de tout faire, mais davantage pour porter au plus haut tout ce qui se trouve en vous à l'état « brut ».

J'ai accompagné une personne désirant ardemment aimer la lecture, car elle souhaitait faire de longues études afin d'améliorer son estime de soi. En réalité, cette personne devait travailler son estime de soi et non ses capacités cognitives. Mais je n'impose rien. Elle voulait pouvoir aimer la lecture, alors nous avons travaillé à atteindre cet objectif. Durant les quatre premiers mois, nous avons testé des livres de tous les genres et sur tous les sujets. Nous avons mis en place différents plans d'action, des habitudes. Elle était déterminée. Nous avions deux séances par semaines, du mentorat et des mini coachings quotidiens. Ce fut extrêmement difficile.

Finalement, elle a décidé de travailler son estime de soi parce qu'elle ne pouvait pas acquérir de l'intérêt pour des livres et qu'elle demeurait au même endroit qu'au commencement de nos séances. Nous avons, dès lors, commencé à travailler dans l'estime et la confiance en soi et ce fut un véritable accélérateur de croissance. Jour après jour, elle voulait s'améliorer et exploiter ses talents et c'est ce qu'elle fit. Sa vie personnelle, qui était au bord du divorce, s'est stabilisée. Elle avait trouvé sa voie et son équilibre dans les différentes sphères de sa vie : la relation avec ses enfants, son regard sur elle, sa vie professionnelle. Elle avait pris conscience que, dans la saison dans laquelle elle se trouvait, le choix pertinent n'était pas de travailler à devenir passionnée par la lecture afin de faire de longues études, mais était de travailler sur elle, car son regard sur elle-même la limitait dans son développement personnel.

Je vous raconte cette histoire bien réelle, car, parfois, vous pouvez laisser passer l'opportunité de faire de votre vie une incroyable œuvre d'art, car vous vous obstinez à devenir quelqu'un que vous n'êtes pas. Vous pouvez vous améliorer et devenir la meilleure version de vous-même, mais vous ne deviendrez jamais une autre personne ou la version d'une autre personne. Pendant que vous luttez pour faire exister un talent, une capacité qui n'est pas en vous, les talents et capacités qui sont en vous dorment ou sont exploités partiellement.

Identifier ses capacités

Voici l'histoire de Rachelle, mon mentor en coaching et amie. Elle est daltonienne et réalise des peintures dignes d'être exposées dans une galerie d'art. Son talent est époustouflant. Elle aimait peindre dans son intimité, mais, inhibée par sa « faiblesse », le daltonisme, elle n'avait jamais osé présenter sa passion et ses peintures autour d'elle et encore moins publiquement. Un jour, encouragée par un peintre également daltonien, Rachelle se lança.

Jusqu'à aujourd'hui, elle continue de peindre. Elle développe actuellement le concept de la peinture thérapeutique au Canada.

Rachelle aurait-elle dû renoncer face à sa « faiblesse » ? Bien sûr que non !

Le talent de Rachelle était indiscutable. Elle était douée pour la peinture et le dessin. Alors, elle s'est mise à peindre et à dessiner. Elle est toujours daltonienne et elle continue de peindre. Rachelle n'a pas lutté contre sa « faiblesse ».

Elle ne s'est pas obstinée à vouloir devenir ce qu'elle n'était pas. Elle s'est appuyée sur sa force, sur son talent, et, en se focalisant sur celui-ci, elle a appris que sa force pouvait surpasser sa « faiblesse ». Mais observez bien, l'histoire ne s'arrête pas là. Aujourd'hui, son parcours inspire d'autres personnes, car elle est un exemple vivant démontrant que nos forces sont de l'or entre nos mains. Chez Rachelle, cette « faiblesse » fait sa force, sa singularité et on admire davantage ses œuvres.

Et toi ? Quelle est ta ~~faiblesse~~ singularité qui va inspirer ton environnement ?

Quelle est la ~~faiblesse~~ singularité qui fera de toi quelqu'un de meilleur ?

Ne vous limitez pas et soyez vraiment honnête.

Voici certains sujets de « faiblesse » que je travaille en séance : l'âge, l'argent, la santé, la couleur de peau, le statut social, une déficience cognitive. Ces sujets conduisent des personnes à un découragement tel qu'elles ne sont plus en mesure de profiter de l'instant présent et de voir leurs possibilités.

Êtes-vous âgé ? Alors, utilisez vos connaissances et transmettez-les !

Avez-vous peu d'argent ? Commencez où vous êtes !

Êtes-vous malade ? Votre vie n'est pas encore finie !

Quelles sont vos « faiblesses » pouvant inspirer et encourager les personnes autour de vous ?

La réalité est que chacun de nous est très doué pour certaines choses et pas pour d'autres. Vous n'avez pas besoin de vous focaliser dans le manque de quelque chose.
Focalisez-vous dans ce que vous avez, aussi petit puisse-t-il paraître à vos yeux.

Si vous avez une vision claire de vous, vous finirez par adopter une stratégie pertinente pour briller au milieu de votre ~~faiblesse~~ singularité.

Clarté sur soi

La vision que vous avez de vous-même ne se clarifiera pas sans effort. Avoir une vision claire de nous-mêmes implique une recherche et un travail sur soi dans plusieurs domaines. Un travail sur soi implique l'estime de soi, la confiance en soi, l'intelligence émotionnelle. Il s'agit de prendre conscience de qui nous sommes, de nos forces, de nos vulnérabilités, de nos axes d'amélioration afin de clarifier notre vision de nous-mêmes. Pour certaines des personnes que j'accompagne, il est douloureux de se placer devant le miroir, car elles constatent tous les points à travailler pour devenir meilleure, mais ce constat leur apporte de la clarté. C'est comme pour le sport. Vous vous regardez devant le miroir pour cibler votre entraînement.

Nous ne sommes pas aussi bien et aussi parfaits et aussi et aussi et aussi que nous pouvons le croire, et c'est OK !

Nous devons juste travailler en nous chaque jour pour nous améliorer.

Voir clairement signifie également identifier la raison pour laquelle je suis obnubilé par telle ou telle faiblesse.

Qu'est-ce qui m'amène à accorder à cette faiblesse de la place dans mes pensées ? Ce questionnement initie un voyage interne en nous-mêmes qui, habituellement, nous conduit à notre enfance. Ce rejet, parfois inconscient, que vous éprouvez pour vous-même s'extériorise en rejetant les « faiblesses » des personnes autour de vous. Avez-vous déjà entendu « je n'aime pas un tel ou un tel » ?

Pourquoi ne l'aimez-vous pas ? Travaille-t-il plus lentement que vous ? N'écrit-il pas ce que vous aimez lire ? N'a-t-il pas votre statut ? Votre couleur de peau ? A-t-il une manière de penser différente de la vôtre ? Dans mes consultations DISC, je constate un manque d'amour et d'appréciation pour les personnes constituant l'environnement relationnel : les collègues, les voisins... Ce manque d'amour que ces personnes expriment pour les autres, elles l'appliquent également à elles-mêmes. Avez-vous remarqué que certains jours, durant lesquels vous vivez un moment particulièrement satisfaisant, vous vous trouvez dans un état de bonne humeur tel que, pendant que cet état perdure, vous aimez tout le monde.

Finalement, leurs défauts ne sont pas si graves. He bien c'est exactement ce qui se passe quand nous n'avons pas une vision claire de nous-mêmes. Vous traverserez des moments où vous aimerez tout le monde et d'autres où vous n'aimerez personne. Mais quand vous avez une vision claire de vous, vous commencez à vous voir avec amour, et ce regard interne sur vous-mêmes se reflètera dans le regard que vous porterez sur les autres. Si vous comprenez ce qu'est réellement la faiblesse, la vulnérabilité, que vous l'acceptez, l'aimez chez vous, et que vous l'utilisez pour briller, alors vous ferez de même à l'égard des autres et vous ne direz plus que vous n'aimez pas certaines personnes. Vous pouvez ne pas apprécier leurs propos ou certains comportements, ou tout simplement vous pouvez ne pas avoir d'affinité avec certains, mais l'amour et le respect pour chaque individu sont des choses qui ne doivent pas se perdre. Peut-être que certains ne voudront pas de votre amour, et c'est OK. J'aime me rendre utile. Ma passion est d'encourager les personnes à devenir ce pour quoi elles sont sur terre. J'aime transmettre en permanence un message d'encouragement, d'espoir et de vie. Mais parfois, des personnes ne veulent ni de moi, ni de mon message, ni de mon aide, et c'est OK !

Respect et amour inconditionnels

Nous venons de parler de respect et d'amour. Ce respect et cet amour doivent d'abord s'appliquer envers vous-même.

Nous parlons de respect et d'amour inconditionnels. Ainsi, vous ne devez pas seulement aimer et respecter vos faiblesses, mais vous devez le faire inconditionnellement. Vous êtes quelqu'un d'introverti ou d'extraverti, respectez votre personnalité. Vous avez un « défaut » physique, respectez-le et inspirez les autres avec votre histoire.

Quand vous vous aimez réellement, vous devenez quelqu'un de sociable même si vous êtes introverti.

L'amour que vous avez pour vous va vous amener à prendre soin de votre alimentation, de votre santé physique, psychologique, mentale, spirituelle. Au début de ce chapitre, nous avons parlé de la « condition » de notre état interne. Quand notre état interne est réellement en bonne santé, cette condition va non seulement s'extérioriser, mais elle va également se transmettre autour de nous. Si vous êtes quelqu'un qui aime ses faiblesses, vous allez aussi aimer les faiblesses chez les autres.

Attention, nous ne parlons pas des faiblesses « autodestructices ». Nous devons aimer autrui, mais nous ne pouvons pas valider les comportements autodestructeurs. Je ne valide pas que quelqu'un boive du soda. Je ne valide pas la correction qui humilie. Je ne valide pas les comportements autodestructeurs, car ce type de comportement détruit la personne et transmet la destruction à son environnement. Nous devons prendre conscience de cela. Les comportements autodestructeurs se développent de plus en plus. Cette évolution funeste est directement liée au fait de rejeter la vulnérabilité. Nous pouvons parfois observer, sur les réseaux sociaux, des photos de personnes faisant la fête entourées de boissons alcoolisées avec un écrit disant : « je le mérite ». Que mérites-tu ? Voyez-vous comme la condition de notre intérieur s'extériorise. Crois-tu que tu mérites d'abîmer tes organes avec de l'alcool, de la drogue, des cigarettes, du cannabis ? Tu es précieux et tu mérites de briller.

L'homme a atteint à un tel niveau de rejet de la vulnérabilité qu'il vise désormais la transformation de son propre cerveau en utilisant la technologie au moyen de puces implantées dans son cerveau. Selon les promoteurs de cette idée, l'objectif est que l'humanité devienne plus intelligente et ainsi ait le contrôle sur la « faiblesse ».

Certains sont profondément persuadés que ce projet vise notre bien.

[1]Dans le Qumrân, au cours de l'année 1947, des textes bibliques anciens ont été découverts. Ceux-ci contiennent des conseils sur la santé, les finances, le mariage, le divorce, l'éducation et sur beaucoup d'autres sujets dont l'intelligence.

 Voici des extraits de ces textes :

> « Tu feras un autel pour brûler des parfums. Tu le feras en bois d'acacia. Sa longueur et sa largeur seront de 50 centimètres, il sera carré. Sa hauteur d'un mètre. Tu feras des cornes qui sortiront de l'autel. Tu le couvriras d'or pur — le dessus, les côtés tout autour et les cornes — et tu feras une bordure d'or tout autour. Tu feras sous la bordure 2 anneaux en or à placer sur ses deux côtés ; tu les mettras sur les 2 côtés pour y passer les barres destinées à son transport. Tu feras ces barres en bois d'acacia et tu les couvriras d'or. »   Exode 30 : 1-5

« *Il l'a rempli de l'Esprit de Dieu, d'habilité, d'intelligence et de savoir-faire pour toutes sortes de travaux. Il l'a rendu capable de faire des inventions, de travailler l'or, l'argent et le bronze, de graver les pierres à enchâsser, de travailler le bois et de réaliser toutes sortes d'œuvres d'art.* » Exode 35 : 31-33

« *C'est auprès de Dieu que se trouvent la sagesse et la puissance, c'est à lui qu'appartiennent le conseil et l'intelligence.* » Job 12 : 13

« *Qui a mis la sagesse au fond du cœur ou donné l'intelligence à l'esprit ?* »

Job 38 : 36

L'archéologie a découvert des objets sublimes réalisés grâce à une intelligence admirable.

Quand mon mari et moi avons visité l'Égypte, nous avons été émerveillés par certaines réalisations qui témoignent de l'art incroyable déployé il y a plusieurs milliers d'années par la civilisation égyptienne.

Si vous ne connaissez pas ces œuvres, je vous invite à effectuer des recherches. La capacité et les performances techniques et artistiques de nos ancêtres sont à couper le souffle.

Si vous avez voyagé et que vous savez de quoi je parle, ne vous êtes-vous jamais posé la question de savoir d'où ces personnes puisaient leurs savoirs ? Il n'y avait pas internet ! Ni de bibliothèques publiques ! Et encore moins de puces dans leurs cerveaux !

Je considère que les écrits découverts dans le Qumrân nous apportent beaucoup de réponses et sont dignes d'être étudiés.

Il y a des choses que nous ne pourrons jamais expliquer, mais qui sont bien réelles. Vous avez des points forts et d'autres qui sont ce qu'ils sont. Bien que la science puisse expliquer beaucoup de choses, parfois notre raison rencontre des impasses. Par exemple, quand nous utilisons une lampe électrique, nous ne voyons pas la source de courant, mais nous savons qu'il y en a une quelque part. Nous savons qu'il y a un générateur et, le plus souvent, nous nous contentons d'apprécier l'utilité de la lampe bien que nous ne comprenions pas son fonctionnement. Si on s'acharne à chercher la source, il serait possible que, finalement, nous passions à côté de la lumière générée par cette lampe. Il arrive parfois la même chose pour certaines personnes. Elles vivent en pensant et en questionnant leur « sort ». Au lieu de cela, vous devez aborder votre ~~faiblesse~~ singularité avec une attitude de gagnant, une attitude de grandeur, et au lieu de voir des défis, des problèmes, des faiblesses en vous, dans votre vie et parfois même dans votre environnement, vous devez plutôt voir des opportunités. Vous n'allez pas ignorer les choses, mais vous allez les regarder comme des opportunités à explorer.

La neuropsychiatrie explique que la prédisposition et l'attitude préliminaire face à n'importe quelle situation déterminent notre réponse.

Si vous analysez les choses, finalement, dans la vie, il n'y a pas des personnes « gagnantes » et d'autres qui ont « raté » leur vie. La différence entre les deux est que le premier groupe, les « gagnants », n'a pas abandonné, alors que le deuxième groupe, « les ratés », abandonne chaque fois qu'il entreprend quelque chose, quel que soit le projet, dès le vent devient contraire. Il tombe dans un cercle vicieux dans lequel il ne termine jamais ce qu'il commence.

Il entre dans une dynamique d'abandons. Il ne récolte qu'une série d'échecs sans jamais expérimenter la réussite.

Parfois, vous pouvez vous tromper d'entreprise, de projet, de voie, de rêve, mais une fois que vous avez clairement identifié ce que vous voulez faire, n'abandonnez plus. Et pour la clarté, je considère que le meilleur guide et le meilleur encadrement sont nos valeurs.

Les gens veulent des résultats « micro-ondes », et comme ceci n'arrive pas dans la vie, ils finissent par abandonner.

La nature est une véritable source d'inspiration.

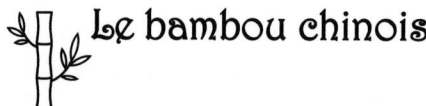# Le bambou chinois

Une fois sa graine plantée, aucun résultat, aucune évolution n'est observable pendant environ cinq ans. Dans ses premières années, sa croissance est totalement et uniquement souterraine. Pendant cette période se construit une structure complexe de racines qui se développe verticalement et horizontalement sous la terre.

À la fin de la cinquième année, le bambou chinois grandit très rapidement jusqu'à une hauteur de vingt-cinq mètres.

Il faut prendre conscience que quand nous nous concentrons sur nos faiblesses, le mieux que nous puissions faire est d'amener cette faiblesse jusqu'à un niveau moyen, et encore en travaillant vraiment très dur. C'est pour cette raison que nous devons nous appuyer sur cette singularité pour développer nos forces. Aucune personne ayant réussi n'emploie quelqu'un pour effectuer simplement un travail correct. Les gens qui réussissent désirent l'excellence, et cette dernière vient quand nous nous concentrons sur nos forces. Ce que vous faites bien, essayez de le faire mieux.

Ce sont les pensées focalisées dans les faiblesses qui empêchent les personnes de vivre une vie équilibrée dans le présent. Ce déséquilibre, conscient ou inconscient, conduit les personnes à rester bloquées, résignées et « satisfaites » de la vie qu'elles mènent, de leurs modes de pensée et d'action.

Voici une belle affirmation de John C. Maxwell :

²L'homme ordinaire

« Triste est le jour où un homme est totalement satisfait de la vie qu'il mène, de la manière dont il pense et dont il agit, jusqu'à ce qu'il n'entende plus jamais frapper à la porte de son âme un désir d'accomplir quelque chose de plus grand pour Dieu et pour son semblable. J'ai écrit cela parce que je ne voulais pas devenir une personne ordinaire, JAMAIS. J'ai la conviction que personne ne désire cela, et pourtant je pense que nous pouvons tous être en danger de le devenir. »

³Amancio Ortega, fondateur des magasins ZARA, dit que nous devons avoir un acharnement à progresser. À ceci je rajoute que vous focaliser sur vos faiblesses ou sur ce que vous n'avez pas constitue une excuse pratique que vous vous êtes trouvée pour justifier la médiocrité dans laquelle vous avez décidé de vous installer. Tout comme John C. Maxwell, j'ai la conviction que vous ne désirez pas être une personne ordinaire. Il n'y a pas plus grand investissement que d'être honnête avec soi-même.

Finalement, la qualité de la vie des personnes dépend de leurs pensées. En se focalisant sur leurs faiblesses, elles se justifient de rester au niveau auquel elles se trouvent au lieu d'utiliser cette faiblesse comme un « trampoline ».

Questions de réflexion :

Quel est votre idéal ?

Que faites-vous pour l'atteindre ?

L'idéal

L'idéal est une construction mentale, un outil du cerveau qui nous permet de nous représenter l'avenir. L'idéal est une image mentale qui nous permet d'avancer. Par exemple, nos projets sont des rêves que nous faisons éveillés. Si vous n'avez pas d'idéal, voilà votre objectif urgent : créer cette image mentale de ce que vous désirez tant.

Dans les grandes lignes, cette image représente votre avenir et vous indiquera le lieu où vous souhaitez être.

Ensuite, vous créerez un plan d'action pour pouvoir l'atteindre. On l'appelle « idéal » parce que mettre le focus sur cet état désiré fait que nous ne voyons pas les défis et les imperfections. Quand nous atteignons cet idéal, il devient notre réalité, et dans la réalité nous voyons et vivons toutes les imperfections qui accompagnent notre idéal. Personnellement, depuis toute petite, je rêvais de la famille que je suis en train de construire. Cependant, dans mes rêves, je ne voyais pas tous les défis que cela implique.

Avec mon mari David, nous vivons dans notre rêve familial, notre idéal accompagné de tous ses défis. Dans notre cas, nous n'avons que l'un et l'autre, nous sommes nous deux et nos quatre enfants uniquement. Nous faisons l'école à la maison et nous avons fait face à plusieurs opérations chirurgicales entre autres choses. Pour l'accouchement de ma dernière fille, David a dû me laisser à 3 h du matin devant la clinique et j'ai dû gérer seule la césarienne parce qu'il devait s'occuper de nos trois enfants qui étaient encore des bébés à cette époque. Gérer notre rêve à deux est un véritable défi, cependant nous sommes tellement fiers de ce que nous construisons nous deux avec nos quatre enfants. Nous vivons notre idéal et dans notre réalité cet idéal est rempli de défis. Finalement, ce qui nous rend si fiers dans ce rêve est le fait d'arriver à construire une famille aussi saine et solide, uniquement à deux, c'est-à-dire que notre faiblesse est notre plus grande fierté.

Nous sommes une famille chrétienne et nous savons que nous construisons à trois avec Jésus.

En résumé, nous avons besoin d'une grande sagesse pour nous appuyer sur nos faiblesses avec la stratégie de développer nos forces.

La sagesse est de savoir bien conduire sa vie, c'est-à-dire avoir la capacité d'appliquer notre connaissance à notre vie quotidienne. Cela veut dire que nous savons utiliser notre connaissance de la bonne façon pour choisir de bons objectifs avec de bonnes stratégies pour atteindre ceux-ci de la bonne manière. Il s'agit de la mise en pratique de notre connaissance directe ou indirecte dans notre vie.

Il s'agit de l'ART de faire de notre faiblesse notre force.

La sagesse permet de convertir connaissances et informations en résultats au travers d'un apprentissage transformateur qui maximise nos forces et minimise nos faiblesses. Pour cela, nous devons avoir un certain niveau de conscience de nos possibilités.

Étapes de la prise de conscience des possibilités

1. Chercher ce que je dois savoir pour développer mes possibilités.

Nous avons tous des angles morts, et pour les identifier nous allons avoir besoin <u>d'un leader exemplaire, inspirant, avec de la vision</u>, qui nous aide à voir ce que nous ne voyons pas. En général, ce genre de leader aime aider les autres, aller de l'avant dans son développement personnel. Alors, n'hésitez plus, allez le chercher et discuter de manière sincère avec lui.

2. Découvrir ce que j'ai besoin de savoir pour développer mes possibilités.

Lors de cette étape, vous devrez découvrir ce que vous avez besoin d'apprendre pour développer vos possibilités : des cours, des formations, du mentorat, etc. Si vous avez très peu de revenus, de nos jours cette situation n'est pas une excuse. Nous trouvons de l'information gratuite sur internet, des vidéos de formations sur YouTube. Il faut commencer quelque part, mais il faut commencer à développer vos possibilités.

3. Me concentrer sur ce que je dois faire pour développer mes possibilités.

Au cours de cette étape, vous devez vous concentrer sur votre stratégie de développement. Par exemple, si vous allez reprendre des études, alors appliquez-vous à étudier rigoureusement.

4. Passer à l'action sur ce que je dois faire pour développer mes capacités.

Cette étape est celle de l'action. Nous bougeons ! Nous devons mettre en œuvre ce que nous avons édifié dans les trois étapes précédentes et ne plus nous arrêter. Même nos temps de pause doivent être alignés avec notre développement personnel. Même dans nos pauses, nous devons continuer à nous développer et à élargir nos possibilités.

Vous êtes né pour inspirer votre génération, pour briller là où vous êtes placé, avec ce que vous avez entre vos mains, et également avec vos faiblesses, votre vulnérabilité qui font votre singularité. Dans le monde de l'industrie par exemple, les entreprises qui réussissent véritablement se différencient. Une fois qu'elles se sont différenciées, elles continuent à se différencier pour aller de réussite en réussite. En substance, c'est leur singularité qui leur permet de se démarquer, qui leur permet de faire des bénéfices substantiels. Si vous regardez attentivement, chaque entreprise ayant réussi a quelque chose de singulier : IKEA, Kiabi, etc. C'est cette différenciation qui créa leur force. La même chose s'observe dans le monde de la musique, dans le monde de l'édition, pour les prix Nobel, dans les Jeux olympiques. Ce qui fait de ces personnes et de ces entreprises des gagnants, c'est leur différenciation. C'est un peu la même chose pour nous, n'importe qui, n'importe où peut faire une différence positive pour élever sa vie ainsi que la vie de son semblable afin de faire de ce monde, de votre monde un lieu de vie meilleure.

Êtes-vous prêt à vivre une vie significative et à faire une différence ?

2

Définition de force

« La vie est comme un vélo à dix vitesses. La plupart d'entre nous avons des vitesses que nous n'utilisons jamais. »

— Charles Schultz

Selon le dictionnaire Larousse, force vient du latin « fortis » qui signifie courageux. Ce dictionnaire nous parle également de résistance, robustesse, vitalité. En résumé, la force est le courage physique de faire quelque chose.

Dans une consultation DISC, j'ai accompagné une personne qui disait n'avoir jamais eu peur dans sa vie. Elle affirmait qu'elle n'éprouvait jamais de peur, car elle était une personne très courageuse. La situation que cette personne décrivait est impossible.

Ce que nous appelons « peur » est tout simplement l'état de vigilance dans lequel se met notre cerveau quand il considère être menacé.

Cette menace, identifiée comme telle par notre cerveau, peut être réelle ou imaginaire. Dans tous les cas, il s'agit du système de fonctionnement normal de notre cerveau.

Ce système est là pour nous protéger. Pour cette personne, la peur représentait une faiblesse, alors qu'elle fait juste partie de la palette des émotions humaines.

Les notions de faiblesse et de force doivent être claires pour nous. Cette clarté nous permet d'identifier ce qu'est une force et une faiblesse et également ce qui n'est pas une faiblesse ni une force. Ainsi, si, occasionnellement, il vous arrive d'avoir peur, sachez que c'est tout à fait normal.

Donc la force est le courage physique de réaliser quelque chose, d'effectuer une action malgré la peur ou une autre émotion semblable à celle-ci. Quand vous utilisez cette force en l'alignant à votre talent, votre vie commence à être une source d'inspiration pour vous et pour votre environnement.

Caractéristiques de la force

Bien que chacun ait son propre angle de vue sur les choses, il existe tout de même un chemin ou un croquis plus ou moins universel sur lequel nous pouvons nous appuyer pour décrire certaines idées. Je vais aborder quatre caractéristiques de la force qui, selon moi, sont les plus connues, les plus populaires, et dont nous entendons le plus parler. Il s'agit de *direction*, *sens*, *intensité* et *point d'application*. Peut-être que ces noms vous semblent familiers, mais nous allons les aborder depuis un angle spécifique relatif à la force et à la faiblesse.

Direction

Quand nous parlons de direction, nous faisons référence à une ligne suivant laquelle quelqu'un ou quelque chose se déplace. Ces forces, c'est-à-dire ce domaine ou ces domaines dans lesquels nous sommes doués, ou simplement cette force à l'état brut qui n'a pas encore été développée, ce talent bien spécifique à chacun, se trouvent en tous. Il s'agit d'une ou plusieurs choses liées à qui vous êtes, à votre vécu, à votre histoire que vous avez gérées ou développées d'une manière spéciale. Cette force en vous, une fois identifiée, doit se développer dans une direction. Sans direction, vos forces n'iront nulle part : avoir une belle voix et l'utiliser uniquement sous la douche, imaginer des histoires inspirantes sans les écrire, réaliser de magnifiques dessins et ne pas les exposer, être une couturière et une créatrice talentueuse et se limiter à réparer les draps de la maison. La liste est longue. Soyons sincères, une force, un talent, non reconnu, non exposé, affecte l'estime de soi et une estime de soi endommagée aura un impact dans votre monde interne, mais aussi dans votre environnement. Le désir d'exposer nos réalisations, révélant et témoignant de nos forces, est naturel et humain.

La direction sert à encadrer et diriger notre force vers un point de destination afin de ne pas la gaspiller. Dans mon cas, je suis douée dans l'accompagnement du développement personnel des personnes. C'est une de mes forces. Je m'intéresse énormément au bien-être de l'être humain. Donc, je me forme constamment. J'encadre ma force par la formation constante. Je sélectionne des formations qui vont améliorer ma capacité à aider mes clients et mon environnement.

Quand vous aurez trouvé votre force, dites-le. La cacher ne fait pas de vous une personne modeste ou humble. Si vous n'avez pas la capacité de dire ce pour quoi vous êtes doué, il est fort possible qu'il se trouve en vous un problème d'estime de soi. Si votre estime de soi est véritablement à sa place alors vous ne verrez pas de difficulté à parler de vos faiblesses et de vos forces. Donc donnez une direction à votre force. Il est important que vous définissiez les trois à cinq plus grandes aptitudes que vous possédiez parce que toutes vos réalisations devront reposer sur ces points forts. Si cela peut vous aider, tracez un cercle et inscrivez à l'intérieur de celui-ci ces trois à cinq aptitudes. Tout ce qui n'apparaîtra pas dans ce cercle, vous pourrez le considérer comme une faiblesse.

Sois belle ou beau aujourd'hui, là où tu es avec la réalité de ce qui se trouve entre tes mains. Ta réalité est ta plus grande alliée.

Une belle et véritable histoire :

⁴Il voulait être chef d'orchestre. Cependant, son style était étrange, pour ne dire que cela. Lorsqu'il dirigeait des passages doux, il s'accroupissait. Lorsqu'il arrivait à un crescendo, il sautait dans les airs en criant. Un jour, il a sauté pour marquer un passage dramatique, mais les musiciens n'ont pas réagi. Il avait perdu le fil de la musique et avait sauté trop tôt. Les musiciens suivaient souvent le premier violon plutôt que lui. Il n'avait pas très bonne mémoire. Au cours d'un concert, il a tenté de diriger l'orchestre dans un passage qu'il avait demandé aux musiciens de sauter. Comme ils ne jouaient pas le passage, il s'est arrêté et s'est écrié : « Arrêtez ! Erreur ! Ça n'ira pas. Encore ! Encore ! » Il était du genre maladroit. En dirigeant un concerto pour piano qu'il avait composé, il a tenté de le jouer lui-même au piano et a fait tomber les bougies qui se trouvaient sur l'instrument. Au cours d'un autre concert, il a bousculé et fait tomber un des garçons de la chorale. Les musiciens le suppliaient de renoncer à son rêve de devenir un grand chef d'orchestre. Et il a fini par y renoncer. À compter de ce jour, *Ludwig Van Beethoven* a abandonné la direction d'orchestre pour se concentrer sur la composition.

Votre réalité est-elle dure pour vous ? Essayez-vous de faire quelque chose pour laquelle vous n'êtes pas réellement doué ? Comptez-vous sur la « chance » ? Votre réalité n'est pas votre ennemie.

Une fleur est belle et parfume quelques jours uniquement. Après cela, elle meurt. Quelle est l'utilité d'être aussi magnifique quelques jours ? Sa destinée était d'être belle et de parfumer pendant une période précise avec tout ce qu'elle avait, là où elle avait été placée.

Sois belle ou beau aujourd'hui, et parfume là où tu es, avec tout ce que tu as, avec tes forces et tes faiblesses. Ton jour est aujourd'hui.

Deepak Chopra, un médecin-conférencier à succès, dit que « le moment présent meurt à chaque instant pour devenir le passé, et renaît à chaque instant dans le futur. Toute expérience a lieu dans le présent. Le présent ne finit jamais ». Il est vrai que notre présent ne finit jamais. À l'instant même nous construisons notre passé, mais aussi notre futur. Ce que nous souhaitons fêter à la fin de l'année est le passé que nous construisons à l'instant même.

Sens

L'objectif de la direction est donc d'encadrer nos forces. Le sens est la raison de cette force, sa raison d'être, sa valeur, sa finalité. Votre force sera toujours alignée avec un but précis. Nous ne sommes pas des personnes talentueuses dans un domaine pour porter notre attention, notre intérêt et notre énergie sur un autre domaine. Le talent, le but et le potentiel sont inséparables.

Jim Carrey s'est heurté à des difficultés et au découragement. Il a expliqué qu'il voulait abandonner son rêve de se faire un nom dans l'industrie du spectacle. Il s'est produit dans des clubs de comédie pendant quinze ans. Jim Carrey avait la conviction qu'il était doué pour la comédie. Il était convaincu de son talent, de sa force. Le fait d'être aussi persuadé de sa force lui a donné le courage de persévérer. Cette conviction a donné un sens à son attente. Quel est le sens de votre force ?

J'aime encourager, amener de l'espoir, équiper et lever des personnes pour qu'elles deviennent des leaders. En substance, j'aime transmettre un message transformateur d'encouragement, d'espoir et de vie pour que chaque individu mène une vie significative afin de faire une différence positive dans son environnement. J'aime aider et accompagner les personnes à rêver en grand, à trouver leur but dans la vie, le pourquoi ils sont sur terre. Et cela je le fais à travers tous les moyens qui s'ouvrent à moi : coaching, consultations DISC, conférences, enseignements, formations, publication de livres. Et je sais que pour cela, je suis très douée. L'être humain est ce qu'il y a de plus incroyable sur la terre. Nous portons à l'intérieur de notre enveloppe corporelle un laboratoire puissant pour créer une vie qui inspire, qui impacte et qui laisse une empreinte de qualité dans le monde. Mais les personnes sont noyées dans une vie qui n'est pas à la hauteur de ce qui se trouve en elles. J'aime tellement venir dans leur monde émotionnel et leur faire prendre conscience qu'une vie pleine existe pour elles, que les rêves se réalisent, qu'un quotidien sans stress est possible et que notre monde nous offre encore tellement de choses merveilleuses. J'aime connecter avec les émotions de chacun. Aider autour de moi est le sens de mon talent. À ce talent, j'ajoute les connaissances et mes compétences intellectuelles. Si vous vous obstinez à donner un sens à un talent que vous n'avez pas, vous allez vous retrouver comme moi à la faculté de droit. Cette méthode ne marche pas. Mais ajouter des connaissances aux forces qui se trouvent en vous est puissant.

Votre sens ne doit pas seulement vous profiter, mais aussi bénéficier aux autres. Par exemple, si vous avez une belle voix alors chantez. Mais pas n'importe quoi, pas des chansons transmettant de la tristesse, de la mélancolie, le désordre, mais plutôt des textes qui inspirent les personnes qui vous écouteront et les conduiront à devenir meilleures.

Ne perdez pas votre temps dans le divertissement, ne gaspillez pas votre temps à distraire, mais investissez-le en vue de transformer des vies. Votre sens doit améliorer la qualité de vies de votre monde. Si vous écrivez, écrivez des choses qui encourageront des vies.

« Je me trouve en paix et c'est grâce à toi… », « Aujourd'hui, je vois une issue… », « Je me rends compte que, malgré mon âge, je peux encore entreprendre ».

Ce sont certaines des phrases que m'offrent des personnes que j'accompagne. Quand j'entends ces retours, je sais que mes capacités et mes talents ainsi que mes rêves sont alignés avec moi et avec mes valeurs.

Intensité ou passion

Bâtir sur vos points forts active ou développe l'intensité ou la passion dans ce que vous souhaitez réaliser. « *La loi du moindre effort* » dit que quand vous suivez votre propre nature, les choses que vous poursuivez deviennent plus confortables à poursuivre, ce qui fait que votre objectif de vie devient plus facile.

Il faut comprendre que les points forts qui se trouvent en vous sont là pour être exploités et alignés avec ce pour quoi vous êtes sur terre. Ce sont justement les indices qui vous indiquent la raison de votre existence. La passion nous pousse vers le haut et nous rend capables de surmonter l'adversité. Votre force doit garder l'intensité grâce à la passion de réaliser ce pour quoi vous êtes sur terre. Si vous êtes « intense » dans votre force jour après jour, vous serez quelqu'un de réussite parce que la réussite n'est pas un évènement, mais un style de vie, le résultat de qui vous devenez.

Voici ce que dit mon mentor John C. Maxwell :

« On ne peut améliorer un talent que dans une certaine mesure. J'ai pu observer que notre capacité de nous améliorer dans un domaine de talent est de l'ordre de 2 points sur 10. Autrement dit, si je suis moyen dans un domaine, disons un 5, il se peut que je devienne un 6 ou un 7 en y travaillant avec acharnement. À l'occasion, une personne exceptionnelle gagnera 3 points et deviendra un 8. Toutefois, les gens ne réalisent pas leurs rêves dans des domaines où ils sont naturellement un 4 ou un 5. Si vous voulez réaliser un rêve, vous devez travailler dans un domaine où vous êtes déjà un 7 ou un 8 ».

L'intensité est la passion de faire exceller vos forces. C'est ce qui vous amènera d'accomplissement en accomplissement, de sommet en sommet. Ne perdez pas votre temps à essayer d'avoir d'autres forces, d'autres talents. Avec les forces qui se trouvent en vous, vous aurez déjà beaucoup de travail devant vous. Ces forces seront comme la base, le sol solide sur lequel construire, bâtir ce qui vous tient tant à cœur. Vous pouvez commencer à bâtir ce que vous désirez tant depuis toujours sur le fondement de vos forces. Même si vos forces sont à l'état brut, ne les minimisez pas. Si ce talent, cette capacité est là alors, développez-les ! N'attendez plus pour devenir le meilleur dans votre talent, dans votre capacité. L'excellence est le résultat de la pratique. Commencez !

Point d'application

J'ai observé chez certaines personnes que j'accompagne qu'elles aiment se nourrir d'informations : assister à des formations, lire des livres. Faire cela est assez facile. En revanche, appliquer les connaissances que nous avons acquises est beaucoup plus difficile. Pour mettre en œuvre notre apprentissage dans notre quotidien, il est nécessaire d'avoir une grande sagesse et une grande intelligence.

Nous parlerons de ceci plus tard dans les chapitres suivants. En fait, c'est la différence entre l'intellectuel et le sage. L'intellectuel possède les connaissances, le sage met en application ses connaissances. Appliquer ce que nous savons dépend de la manière dont nous dirigeons notre propre être. Cela est fonction également de la position dans laquelle se trouve notre cœur, de la manière dont est façonné notre caractère, de notre intelligence émotionnelle, de notre maturité spirituelle, psychologique, de notre santé et de notre équilibre mental. Si nous avons un plafond de croyances nous enfermant dans des paradigmes, appliquer nos connaissances sera un défi.

La meilleure manière de mettre en pratique vos connaissances est tout d'abord de croire dans votre savoir sans rien lui ajouter et sans rien lui enlever. Les connaissances se transmettent, se partagent, mais avant cela nous devons les vivre, les expérimenter.

C'est, finalement, ce qui nous donne l'autorité et la crédibilité. Si vous êtes un coach nutritionnel et que vous n'avez pas un poids traduisant une bonne santé, j'aurai du mal à croire dans vos compétences et vos produits. Quand nous utilisons nos forces comme fondation pour bâtir nos projets, nous devons apprendre à les appliquer dans notre propre vie d'abord avant de nous projeter vers notre environnement. Il y a trois points qui doivent être pleinement alignés et en harmonie : *Points forts*, *habitudes* et *potentiel*. Pour pouvoir appliquer, développer ou mettre en pratique vos forces, vous devez les aligner non seulement avec votre nature, mais aussi avec vos habitudes et votre potentiel. Ainsi, en regard de vos forces, vous devrez créer des habitudes appropriées et cohérentes afin que vos forces puissent se développer et que votre potentiel puisse être exploité d'une manière avantageuse en vue d'avoir la capacité de faire pleinement ce pour quoi vous êtes sur cette terre. Donc, choisissez le domaine où vous pensez être doué et commencez à bâtir. Il faut prendre conscience que ce que vous avez entre vos mains, vous ne l'avez pas par hasard, parce que vous êtes quelqu'un de bien ou parce que vous avez travaillé dur. Il est vrai que tout ce que vous avez est le résultat d'une réalisation de votre part, d'un effort, d'un engagement, de sacrifices, etc. Mais avant que vous puissiez réaliser quoi que ce soit, vous avez eu de la force physique, de la santé, de la créativité, des pensées, etc. Vous avez eu, chaque jour, le cadeau de vivre, de respirer pour pouvoir réaliser tout ce que vous avez réalisé jusque-là. De la même manière, vous avez le cadeau de vos forces comme de vos faiblesses parce que finalement vos faiblesses vous signalent ce que vous n'avez pas la capacité de faire. Elles ressemblent à des obstacles, car l'obstacle nous montre littéralement le chemin à ne pas suivre. Si votre voix n'est pas jolie, il est contre-productif de chercher à vouloir devenir chanteur professionnel. Vous pouvez recevoir des cours dans lesquels vous apprendrez à chanter juste, mais chanter juste ne transformera pas votre voix en une belle voix tout simplement parce que votre force n'est pas le chant.

Les habitudes

Aristote disait que nous sommes ce que nous faisons de manière répétée.

L'habitude est une routine. Nos habitudes quotidiennes déterminent littéralement notre vie. Ce qui est réellement important dans nos vies se reflète dans nos habitudes. Ce qui compte réellement pour nous se reflète dans nos habitudes. Personnellement, le bien-être dans ma vie occupe une place importante, alors j'ai une hygiène de vie en conséquence. Je pratique du sport 5 à 6 fois par semaine, j'ai une alimentation exigeante, je suis très disciplinée dans l'organisation de mon temps de sommeil. Mon hygiène de vie ne se limite pas à la dimension physique, mais s'étend également aux aspects mental, psychologique, spirituel et émotionnel pour lesquels j'ai mis en place des habitudes visant mon bien-être. Les bonnes habitudes génèrent deux grands avantages. D'abord, les résultats satisfaisants que nous obtenons. Ensuite, les habitudes ont cette capacité extraordinaire de ne nécessiter que peu d'effort de notre part pour les appliquer dès lors qu'elles ont été mises en place. Nous les mettons en œuvre de manière quotidienne ou quasi quotidienne sans nous poser de question, sans presque y réfléchir et cela nous donne de la rapidité.

Vous devez avoir une routine alignée avec vos forces et vos faiblesses. Cette routine doit également être alignée avec votre saison. Si vos habitudes sont alignées avec ces éléments, vous pourrez facilement avancer dans la direction que vous souhaitez au plus profond de votre cœur. Tout le monde souhaite réussir et ceux qui atteignent cet objectif le font avec leurs forces et leurs faiblesses parce que la réussite est un style de vie et non un évènement. Vos faiblesses et vos forces sont des guides vous indiquant la direction à suivre. Il faut prendre conscience que la vie est la somme de plusieurs années, plusieurs mois, plusieurs semaines, plusieurs jours.

En prenant en compte ceci, réfléchissez un instant à ces questions :

1 . Quelles sont vos habitudes actuelles ?

2 . Vos habitudes actuelles sont-elles alignées avec ce que vous souhaitez accomplir ?

3. Quelles habitudes devriez-vous changer ?

Si, en résumé, la vie est la somme de secondes, comment comptez-vous les utiliser ? Allez-vous vous dire que vous aimeriez faire ceci et cela, mais que vous n'avez pas le talent qu'il vous faut ? Eh bien, je vous suggère le conseil de John C. Maxwell : si vous souhaitez réaliser quelque chose de significatif, commencez à développer le domaine dans lequel vous êtes déjà un 7 ! Si vous êtes à moins de 7 dans l'échelle des niveaux présentés par John, alors ne perdez pas votre temps. Arrêtez de vous plaindre pour ce que vous n'avez pas et focalisez-vous dans ce que vous avez. Dans vos forces ! La plupart des personnes ne font qu'occuper leur vie au lieu de la vivre parce qu'elles aimeraient avoir une autre force, un autre talent, une autre ressource pour réaliser le rêve qui brûle dans leurs cœurs, au lieu de commencer à avancer avec ce qu'elles ont. J'ai rencontré une femme dotée d'un talent très impressionnant pour la couture. Elle n'avait pas les ressources financières pour lancer un projet à plusieurs milliers d'euros. Je lui ai fait percevoir toutes les possibilités à sa disposition pour faire connaître son talent. Je lui ai indiqué qu'elle pouvait, dans un premier temps, chaque mois, créer certaines pièces et les vendre au marché, ou les proposer au supermarché près de chez elle.

Malheureusement, cette femme était fermée. Elle a prononcé des paroles telles que : « si seulement j'avais quelqu'un qui pouvait me financer pour monter une grande boutique, je pourrais faire tellement de choses », « on ne m'a pas aidée à me développer », etc. Je la connais depuis des années et son discours demeure invariablement identique. Cette femme, au lieu d'agir avec la ressource qu'elle possède, où elle est placée, souhaite détenir une autre ressource pour réaliser ce qu'elle désire. Nous ne pouvons pas être de ce type de personne qui se victimise parce qu'il n'a pas les ressources voulues pour ce qu'il souhaite réaliser, ou ce type de personne fâché avec la vie parce que le voisin sait bien dessiner, chanter ou peindre, alors qu'il ne sait ni dessiner, ni peindre, ni chanter. Nous ne pouvons pas être des personnes pauvres d'esprit se trouvant dans l'incapacité de créer avec leurs forces et leurs faiblesses l'avenir qu'elles désirent réellement. Le manque de ressources et de forces se situe dans l'état d'esprit, pas dans le monde physique. La vie est ce qu'elle est et nous devons apprendre, comme le surfeur, à prendre les vagues avec intelligence et à notre avantage.

En septembre 2023, on m'a découvert un kyste dans un ovaire. J'avais déjà perdu un ovaire à l'âge de 22 ans suite à un kyste. Donc, l'annonce d'un nouveau kyste était une suite logique du premier. Mais, depuis, 16 ans se sont écoulés. Des années au cours desquelles j'ai eu mes quatre enfants par césarienne et je fus opérée d'un diastasis. Or, les opérations répétitives peuvent générer plusieurs problèmes. Suite à la découverte du kyste, le médecin m'a dit qu'il souhaitait être sûr qu'il ne s'agissait pas d'un cancer de l'ovaire. Il m'a donc envoyé faire une série d'examens, dont une IRM. Si vous avez lu mes deux ouvrages précédents, vous savez que ma famille se compose uniquement de mon mari et mes quatre enfants. David et moi avons toujours fait face à nos défis à deux avec nos enfants et nous sommes toujours arrivés à les surpasser.

Donc, dans l'attente des résultats des examens, nous nous sommes préparés à recevoir une bonne nouvelle, mais, dans le même temps, nous avons envisagé d'être confrontés à une nouvelle bouleversante. Le fait que nous soyons seuls tous les deux avec nos enfants exige une grande organisation, prévention et planification de notre vie à moyen et long terme. Dans l'attente des résultats, nous avons décidé, avec les enfants, de planifier ce que nous allions faire exactement, dans le moindre détail, si une nouvelle bouleversante devait nous être imposée.

Ainsi, quand nous avons reçu les résultats des examens, nous étions prêts à continuer notre vie actuelle ou à devoir mettre en place la planification que nous avions prévue dans le cas de la réception de mauvaises nouvelles. C'est-à-dire que nous avons surfé sur la vague à notre avantage avec nos forces et nos faiblesses. Nous étions prêts pour recevoir les résultats. Mes examens se sont bien déroulés, mais à la sortie de mon IRM, nous avons reçu une nouvelle à laquelle nous ne nous attendions pas. Ce jour-là, je suis allée faire mon IRM avec mes quatre enfants et mon mari David. Tous les cinq attendaient à l'extérieur très sagement avec des visages remplis d'inquiétude. Je suis une femme de foi. Je crois ce que dit la Bible et je sais que Dieu veille sur moi, mon mari et mes enfants d'une manière spéciale.

J'ai dit à mes enfants : « quelle que soit la décision du Seigneur, Il a tout sous son contrôle tout le temps et son plan est juste et parfait pour ceux qui croient en Lui. » Mon cœur était rempli d'incertitudes, mais pas de peur. Dieu ne nous a pas promis l'absence de difficultés, mais il nous a promis que son Saint-Esprit serait toujours avec nous à travers les épreuves. À chaque instant, donc également pendant les moments difficiles, Jésus se tient près de ceux qui croient en Lui. À la fin de mon IRM, je suis appelée afin que le médecin me fasse connaître son compte-rendu. Il me dit : il n'y a pas de kyste, vous allez très bien. Je me tenais à côté de lui devant trois ou quatre grands écrans d'ordinateur sur lesquels il faisait tourner dans tous les sens les images de mon IRM alors qu'il me disait que mon ovaire allait parfaitement bien et qu'il n'y avait aucune trace de kyste. Alléluia ! Je sais que c'était la main de Dieu. Ce que je souhaite illustrer avec ce passage de ma vie c'est que, bien qu'il y ait eu la possibilité que nous soyons affectés par des évènements graves, nous avons planifié un joli avenir avec les ressources que nous avions, nous 6. Nous avions un plan B qui prenait en compte l'éventualité de la survenue d'une situation extrêmement difficile. Nous nous sommes focalisés sur une planification avec nos ressources disponibles en nous appuyant sur nos forces. Nous étions ainsi prêts à construire une jolie suite. Quelle ressource as-tu aujourd'hui ?

Qui nous sommes détermine la manière dont nous voyons chaque situation. Si nous voulons accroître nos capacités, nous devons **voir** différemment. Nous devons apprendre à regarder le monde d'une manière nouvelle.

Nous devons prêter attention et chercher ce que nous devons développer. Concrètement, le moment parfait ne viendra **jamais**. Il est donc plus sage de ne pas l'attendre.

Cependant, tu as la capacité de prendre ton moment et de faire de celui-ci le moment parfait ! C'est une décision qui ne dépend que de toi. Si tu fais de chaque moment de ta vie le moment parfait pour commencer, pour créer, pour démarrer, pour avancer, pour te mettre en mouvement, pour prendre les bonnes décisions, pour redémarrer, pour croître, pour investir dans ton apprentissage, tu entreras dans une dynamique où ton état d'esprit te donnera accès une vue élargie et pleine de possibilités. Je crois que, dans la vie, il n'y a pas de gens qui échouent, mais plutôt des gens qui abandonnent. Jusque-là, vous avez réussi beaucoup de choses. Continuez dans cette dynamique, rappelez-vous de vos victoires. Amener à nos pensées des expériences plaisantes est un outil puissant dans notre comportement. Cette méthode comporte une base neuroscientifique que je développerai plus tard.

Parfois, les personnes placent leurs espoirs dans le gouvernement. Une dame m'a dit, en se plaignant des décisions politiques, « peut-être qu'un jour on aura un bon président ». J'ai remarqué que, littéralement, un grand nombre de personnes place leur avenir et celui de leurs générations dans un seul individu : le président de leur pays. L'analyse de cette manière de penser m'amène à la question suivante : Comment un seul individu pourrait-il répondre aux besoins d'un pays de plusieurs millions, dizaines de millions, voire centaines de millions d'habitants ? Comment un seul humain comme vous ou moi, pourrait-il répondre aux besoins d'une telle structure ?

Voici comment je vois les choses. Dans un coin du pays, une femme se dit qu'il faut faire quelque chose pour stopper le harcèlement scolaire, pour prévenir la dépression, pour ajouter de la valeur aux personnes dans les maisons de retraite, pour améliorer la qualité de vie des enfants en situation de pauvreté extrême, pour prévenir et stopper les abus physiques et psychologiques... **Elle se met alors au travail**, avec ses forces et ses faiblesses, avec sa singularité. Dans un autre coin du pays, un homme pense la même chose et **se met également au travail**, lui aussi avec ses forces et ses faiblesses, avec sa singularité. Voilà donc, des hommes et des femmes du pays avec leurs forces et leurs faiblesses commençant à mener une vie significative pour eux et pour leurs semblables et qui impactent positivement notre monde.

C'est le mouvement de chaque individu qui fait évoluer chaque jour notre monde, pour le meilleur ou pour le pire.

Vous ne pouvez pas donner ce que vous n'avez pas. C'est justement pour ça que se développer personnellement est si important. Je ne parle pas d'acquérir des connaissances intellectuelles, mais de se développer en tant que personne : votre caractère, votre mentalité, votre intelligence émotionnelle. En résumé, je dirais que le développement personnel c'est prendre le temps de se rééduquer en vue d'acquérir une nouvelle vision qui vous permettra de voir ce que vous ne voyiez pas avant. Dans le développement personnel, la plupart du travail est effectué dans l'ombre. Il y a un effort profond qui est invisible aux yeux de votre environnement. Les témoins du travail réalisé dans l'obscurité sont les résultats que vous obtenez et les fruits que vous portez.

Voici quelques réflexions de sagesse sur le type de fruit que vous portez :

« Ou dites que l'arbre est bon et que son fruit est bon, ou dites que l'arbre est mauvais et que son fruit est mauvais ; car on connaît l'arbre par le fruit. »

Mathieu 12 : 33

« Vous les reconnaîtrez à leurs fruits. Cueille-t-on des raisins sur des épines, ou des figues sur des chardons ? »

Matthieu 7 : 16

« Tout bon arbre porte de bons fruits, mais le mauvais arbre porte de mauvais fruits. »

Matthieu 7 : 17

« C'est donc à leurs fruits que vous les reconnaîtrez. »

Matthieu 7:20

« Ce n'est pas un bon arbre qui porte du mauvais fruit ni un mauvais arbre qui porte du bon fruit. »

Luc 6:43

« Car chaque arbre se connaît à son fruit. On ne cueille pas des figues sur des épines, et l'on ne vendange pas des raisins sur des ronces. »

Luc 6:44

 Le fruit de Usain Bolt :

Jusqu'à présent, il a participé à trois Jeux olympiques, il a remporté huit médailles d'or et au moment où j'écris ce manuscrit, il a reçu 119 millions de dollars pour 115 secondes cumulées de course.

Je crois que n'importe qui donnerait son meilleur, toute son énergie, tout son potentiel, toute sa réflexion, toute sa concentration pendant 115 secondes en échange de 119 millions de dollars. C'est juste mon avis. Est-ce que vous, vous seriez prêt à donner le meilleur de vous pendant 115 secondes en échange de 119 millions de dollars ?

Toutefois, je crois que ce n'est pas la bonne question. Est-ce que c'est vraiment pour 115 secondes qu'Usain Bolt a reçu 119 millions de dollars ? A-t-il reçu 119 millions de dollars, car il a fait de son mieux le jour J ? Je ne crois pas. NON, absolument pas. C'est plutôt parce qu'il a tout donné pendant 20 ans dans sa préparation lorsque personne ne le regardait.

Tout le monde peut faire de son mieux ou payer le prix dans l'instant, le jour J.

Faisons le travail et payons le prix CHAQUE jour !

Mon ami Mamadou Guebre dit que vous ne savez pas à quel point vous êtes fort, jusqu'au jour où être fort est la seule option que vous avez.

Concrètement, à travers cette phrase, Mamadou explique que, si vous ne vivez pas la vie que vous désirez, c'est que vous laissez l'option disponible. Donc, vous choisissez de vivre ce que la vie vous apporte. Être intentionnel exige des efforts. Il y a un prix à payer, comme Bolt. Le plus grand ennemi dans la concrétisation du succès est la paresse. Il faut toujours sacrifier quelque chose pour obtenir quelque chose de meilleur.

Voici cinq éléments qui, selon moi, sont importants à garder en tête lorsqu'il s'agit de focaliser notre attention dans le développement de nos forces :

1. Force créative : Vision claire de ce qu'on veut et d'où on veut aller.

2. Force émotionnelle : Partager sa vision afin de connecter émotionnellement avec les personnes grâce à la vision partagée.

3. Force technique : Capacité à convertir la vision en réalité grâce à des stratégies.

4. Force humaine : Tenir compte des personnes avec un leadership humaniste.

5. Force éthique : Toujours baser son action et ses pensées sur les valeurs.

Équilibre psychique

Le cerveau agit sur notre équilibre intérieur, sur notre monde intérieur et par la suite sur notre comportement.

Ainsi, si nous pensons à un souvenir triste nous allons possiblement avoir envie de pleurer, par exemple. Une des choses qui peut créer un déséquilibre dans notre santé mentale, touchant profondément notre bien-être, est la peur. Celle-ci peut nous jouer de mauvais tours. Parfois, elle peut nous paralyser et nous bloquer. Nous devons comprendre que la peur est juste un mécanisme de protection qui est en nous. Un mécanisme qui nous alerte d'un éventuel danger. Pour pouvoir faire face aux situations, il faut être en action, car l'action nourrit la confiance alors que la passivité nourrit les sentiments de peur. Chaque fois que nous faisons face à la peur, celle-ci s'atrophie et, inversement, chaque fois que nous nous cachons derrière elle, cette dernière s'hypertrophie. Nous devons être vigilants sur ce point, car notre cerveau ne fait pas la différence entre la réalité et l'imaginaire. Quand nous imaginons ou pensons à quelque chose que la peur ou l'anxiété produit en nous, un système d'alerte s'active dans notre organisme. Il commence à libérer du cortisol (hormone du stress) nécessaire pour faire face à la menace. Il est essentiel de comprendre que cette réaction physiologique n'est pas dépendante de la réalité, mais de la perception de la réalité par le cerveau. Par exemple, si une personne, ayant vécu un évènement traumatique, revient, dans ses pensées, dans le lieu où ce traumatisme s'est produit, son corps va générer la même quantité de cortisol que celle libérée au moment du drame.

Il faut prendre conscience que notre équilibre psychique est indispensable à la réalisation de nos projets. Il est indispensable dans le développement personnel, relationnel, familial et professionnel. Notre corps a été créé d'une manière particulière. Chaque jour, des millions de cellules meurent. Scientifiquement, notre corps a besoin d'une régénération cellulaire quotidienne. Cependant, cette régénération peut être affectée et modifiée par le stress que nous pourrions infliger à notre corps tant physiquement que psychiquement. Ainsi, notre corps tombe malade ou en déséquilibre psychique, car il perd des cellules qu'il n'arrive pas à remplacer correctement. Le stress provoque des modifications substantielles dans le bon fonctionnement des systèmes endocrinien, immunitaire et nerveux. Par exemple, la préoccupation constante, cette sensation de danger prolongée (danger réel ou imaginaire), est grave pour notre équilibre et notre bien-être parce qu'elle augmente le niveau de cortisol. Or, quand ce dernier est chroniquement élevé, il peut devenir toxique.

Comme je l'ai expliqué précédemment, nous avons été créés d'une manière spéciale, et nous sommes en interdépendance avec la nature. Si nous prenons le cas du cortisol, l'hormone que je viens de mentionner, cette dernière est une hormone cyclique dont le schéma de libération suit le rythme de la lumière. Cette hormone est libérée principalement le matin, ce qui nous est bénéfique parce qu'elle nous aide à nous mettre en action au commencement de la journée. Ensuite, son niveau diminue progressivement le long de la journée avant d'augmenter légèrement à la fin de l'après-midi. En début de soirée, l'intensité de cette hormone régresse progressivement et laisse la place à la mélatonine qui nous conduit vers notre phase de sommeil.

Donc, nous devons conserver un véritable équilibre dans notre bien-être afin de poursuivre ce que nous désirons, un équilibre constant. Pour développer nos forces, nous devons acquérir et affermir notre bien-être, et pour atteindre cet objectif, nous avons besoin d'un environnement approprié, d'un environnement bénéfique à notre développement physique et psychique.

Finalement, la clé de votre succès se trouve dans votre agenda quotidien. Concrètement, ce que vous faites chaque jour est l'endroit où vous trouverez le secret de votre réussite ou de votre échec. Regardez votre agenda, vos habitudes, car votre avenir est directement corrélé à ces éléments. Nous devons être des personnes constantes.

La prise en charge de notre bien-être doit être une constante dans notre vie. Quand je parle d'environnement bénéfique, il s'agit de tout ce qui vous entoure : l'alimentation, le sommeil, le relationnel, la musique, etc.

Plus tard, je parlerai de cinq personnes clés dans notre réussite ou notre échec.

Quoi qu'il en soit, sans équilibre constant, vous n'arriverez pas très loin. Vous serez arrêté par votre propre plafond, et ceci serait fort dommage, car, quelqu'un qui poursuit son rêve ira bien plus loin que ce qui semble être ses limites.

Dans le prochain chapitre, je vous ferai voyager dans les caractéristiques de la personnalité.

3

Caractéristiques de la personnalité

« *Il n'y a pas de maitrise à la fois plus grande et plus humble que celle que l'on exerce sur soi.* »

— Léonard de Vinci

Le mot « caractéristique », selon LAROUSSE, signifie ce qui constitue le caractère distinctif d'une personne ou d'une chose.
Par suite, les caractéristiques de la personnalité désignent ce qui te distingue des autres personnes. Quelque chose qui t'est propre. Ce qui te rend unique.
Te sens-tu différent parfois ? C'est normal, tu es différent !

Avec la personnalité, la problématique est que les personnes n'acceptent pas qui elles sont. Savoir si vous acceptez qui vous êtes et où vous êtes est assez facile.

Je vous invite à vous poser les questions suivantes en répondant avec intégrité et honnêteté :

1. Est-ce que je ressens de l'inconfort (aussi petit soit-il) face à la réussite de quelqu'un ?

2. Est-ce que ma réaction face au feed-back est de me justifier ou, plutôt, de profiter du feed-back pour apprendre ?

3. Mes attitudes verbale, corporelle et spirituelle traduisent-elles un inconfort dans une conversation en présentiel avec quelqu'un qui, selon moi, a une vie plus attractive que la mienne ?

Si vous avez répondu par un oui au moins à l'une de ces questions, vous n'acceptez pas qui vous êtes et où vous êtes. Ceci est un bon indicateur de ce que vous avez dans votre cœur, de l'existence de rêves en attente de réalisation. Mais, avant de débuter la quête de vos rêves, vous devez connaître quelles sont vos caractéristiques, ce qui vous distingue des autres personnes. Tout d'abord, nous allons travailler sur ces trois questions pour les personnes qui ont répondu oui à, au moins, l'une d'elles.

Ressentir de l'inconfort face à la réussite de quelqu'un

Si vous avez ressenti, ou qu'actuellement vous ressentez, de l'inconfort face à la réussite de quelqu'un, sachez que cette réaction n'est pas négative, mais constitue, simplement, une alerte déclenchée par votre monde interne. Votre monde émotionnel vous informe que vous n'êtes pas satisfait de vos réalisations, que ce soit dans les domaines financier, familial, professionnel, etc.

Ainsi, votre état interne vous empêche de vous réjouir des réalisations ou des accomplissements des autres personnes. Si vous êtes dans cette situation, vous devez prendre cette alerte au sérieux, car ce sentiment ne fera que vous aigrir petit à petit. Si vous analysez les choses avec recul, il n'y a rien de catastrophique. Il vous suffit de commencer à réaliser ce que vous désirez. Ne vous imaginez pas atteindre le sommet immédiatement.

Commencez tout simplement là où vous êtes. C'est ce que font les personnes qui réalisent des choses. Elles commencent où elles sont avec ce qu'elles ont.

Le feed-back

Le feed-back est important. Bien entendu, nous ne pouvons pas recevoir, demander ou accepter les feed-back de toutes les personnes. En matière de feed-back, il y a deux éléments importants. Le premier, c'est votre interlocuteur, et le deuxième, c'est vous. Vous devez comprendre que même si vous avez 60 ans ceci ne veut pas dire que vous soyez sage, intelligent, rempli de connaissances et de maturité. Un âge de 60 ans vous rend tout simplement âgé si vous n'avez pas mis en pratique et accepté d'apprendre tout ce que ces années vous ont apporté en matière d'enseignements potentiels.

Concernant votre interlocuteur, vous ne pouvez pas accepter le feed-back de toutes les personnes, parce que ce qui est important dans un feed-back est de recevoir un avis ou une perspective de quelqu'un qui a de la sagesse. Une personne sage et intelligente se reconnaît facilement. Il suffit d'observer ses fruits, ses résultats, ses réalisations, son environnement, dans sa vie personnelle comme professionnelle. Il suffit de l'entendre parler, d'observer la cohérence entre ses actes et son langage. Il suffit de voir comment elle pense, comment elle agit et comment elle interagit avec les autres.

Ce sont les feed-back de ce type de personne qui vont vous aider à avancer vers vos rêves. Quand nous recevons un avis ou un conseil de quelqu'un d'inspirant, nous devons juste le recevoir avec un merci et réfléchir à la manière la plus pertinente d'appliquer ce conseil dans notre vie. Après tout, si vous êtes réellement heureux là où vous êtes, pourquoi se justifier ? En revanche, si vous ressentez de l'inconfort, vous vous justifierez. À une occasion, une personne, de sa propre initiative, m'a fait un retour après avoir lu mon premier ouvrage. À la fin de sa critique, plutôt positive, elle a ajouté : « Moi aussi j'avance, je suis en croissance, petit à petit, etc. ». Quand vous avancez réellement et que vous êtes bien là où vous êtes, vous oubliez la compétition avec les autres. Les expressions telles que « moi aussi, je fais ceci, cela… » disparaissent de votre vocabulaire, car vous vivez votre destinée, vous vous trouvez à accomplir des choses que les autres ne font pas.

En fait, vous devenez quelqu'un d'extraordinaire, c'est-à-dire quelqu'un d'ordinaire qui fait des extras, des extras que les autres n'ont pas le courage de faire. C'est justement pour cela que ceux qui réussissent dans leur vie personnelle et professionnelle sont une minorité. La réussite par magie n'existe pas.

À une occasion, j'ai échangé avec une personne qui me disait que les grandes chanteuses étaient découvertes sans rien faire. La « chance » avait sonné à leur porte. Bien, peut-être essayez-vous de croire à ce type de philosophie de vie pour justifier votre paresse à l'égard de l'accomplissement de votre rêve. Vous êtes dans votre droit, mais sachez que si vous n'êtes pas intentionnel vous allez devoir supporter ce que le hasard vous apportera. La réussite sans effort et sans intentionnalité n'existe pas. À 5 heures du matin, toutes les personnes ont deux possibilités : rester dans leur lit et continuer de rêver, ou se lever et aller conquérir leurs rêves. Que comptez-vous faire ? Partez à la quête de feed-back chez des personnes donnant de bons fruits et commencez à construire la vie que vous désirez réellement, les relations que vous désirez réellement, l'environnement que vous désirez réellement.

Attitudes verbales, corporelles et spirituelles

Peut-être vous trouvez-vous face à quelqu'un qui a une vie qui, selon vous, est plus attractive que la vôtre. Pendant cette interaction, observez votre langage verbal.

Écoutez-vous la personne ou essayez-vous de faire un marathon de mots pour tenter de faire croire à votre interlocuteur que vous êtes heureux avec votre vie peu attractive ? Comment votre corps réagit-il ? Le langage corporel dit beaucoup sur l'état d'une personne. Spirituellement, que ressentez-vous ? Il faut être honnête.

Si vous disposez de très peu de ressources financières pour vivre, il y aura des besoins psychiques qui ne seront pas satisfaits. Vous pouvez avoir plus de détails sur ce sujet en visualisant la pyramide de Maslow. Notre être doit remplir pleinement des besoins physiques, psychologiques et spirituels. Si un de ces domaines n'est pas satisfait, notre être sera en déséquilibre.

C'est ce déséquilibre qui conduit une personne à ressentir de l'inconfort face à une autre qui a pleinement réussi sa vie personnelle et professionnelle. Cette situation d'inconfort survient uniquement si vous n'êtes pas en croissance intentionnelle. Quand vous êtes en croissance intentionnelle, vous avez pris conscience que la vie est un processus et que vous êtes quelque part dans votre processus. Comme vous êtes unique et différent alors votre processus est unique et différent. Lorsque ceci est intégré, il n'y a plus à être mal à aise en face de qui que ce soit.

Donc, il est important de savoir qui nous sommes, quelles sont nos caractéristiques, ce qui nous distingue des autres. Êtes-vous lent, rapide, posé, réfléchi ? Comment êtes-vous ? Introverti ou extraverti ? Vos caractéristiques sont là pour vous aider à accomplir ce pour quoi vous êtes sur cette terre.

Il existe différents types de personnalités. Le modèle scientifique d'analyse comportementale DISC décrit de manière judicieuse cette diversité. En substance, cette méthode scientifique, dont je suis consultante, explique que chaque personne a un trait de personnalité qui la distingue des autres. Il y a les introvertis, les extravertis, les bavards, les réservés, etc. Il existe des tests de personnalité DISC que vous pouvez réaliser. Les résultats de ces tests peuvent vous aider à mieux vous comprendre et interagir avec les autres. Si vous êtes intéressé, n'hésitez pas à contacter mon équipe.

La sphère de vos caractéristiques englobe vos dons, vos talents. J'aime encourager les personnes et je suis douée pour ça. Chaque individu possède des traits de personnalités qui ont été tissés depuis sa conception. Notre personnalité est le fruit de la combinaison unique de notre patrimoine génétique et de ce que nous avons vécu pendant notre enfance. Ce sont tous ces éléments qui font de nous une personne qui se distingue des autres. Moi, je suis originaire du Nicaragua et, aujourd'hui, en 2023, cela fait 18 ans que je vis en France. Je suis française d'origine nicaraguayenne. J'ai vécu une partie de ma vie au Costa Rica. Je possède des diplômes de différents pays tels que le Mexique, les États-Unis, l'Espagne.

Toutes ces cultures m'ont apporté une grande richesse. Je leur suis profondément reconnaissante. J'ai été élevée par une mère célibataire et, bien que ma vie d'enfant et d'adolescente fût loin d'être un rêve, mes premières années en France furent les plus dures de toute mon existence. Tous ces détails m'ont construite et me distinguent des autres. Par exemple, je crois que les rêves se réalisent, même les plus fous, même si vous avez peu, même si votre départ laisse à penser que vous n'arriverez pas bien loin.

Mon parcours est la preuve vivante que les rêves se réalisent si nous sommes intentionnels. C'est pour cette raison que j'encourage continuellement toutes les personnes autour de moi à réaliser les rêves qui dorment au plus profond de leur cœur. Je suis remplie de gratitude pour tout ce que j'ai réalisé et accompli, mais, comme le dit John C. Maxwell :

« *Réaliser un rêve est bien plus que ce qu'on accomplit, il s'agit de ce qu'on devient au cours du processus.* »

Que fais-tu aujourd'hui de toutes les expériences que tu as vécues et qui te caractérisent ? Tu te victimises ou tu en tires profit ?

Tu es daltonien, et tu aimes dessiner ? Eh bien, dessine et peins en noir et blanc !

Analyse ceci, il s'agit de deux phrases que je trouve très intéressantes :

1. Je vais essayer...

2. Je vais faire en sorte que...

Je vais essayer : il n'y a rien de mal à essayer. Certains peuvent même se sentir fiers d'avoir essayé. « J'ai essayé malgré ma faiblesse... », « J'ai essayé malgré ceci ou cela... ». C'est très bien d'essayer jusqu'à ce que ça marche. Mais « essayer » est un mot dangereux pour nos réalisations. Sur le chemin de « essayer », il existe une forte probabilité de se démotiver et d'abandonner.

Je vais faire en sorte que : « Essayer » avec la volonté d'atteindre un objectif devient « je vais faire en sorte que ».

Cette dernière expression est très engageante, car, concrètement, elle signifie « je vais accomplir ce que je souhaite accomplir » sans des « mais », sans des « malgré », sans des excuses. Je vais l'accomplir.

Les personnes qui réussissent sont les personnes qui essayent avec la mentalité de « je vais faire en sorte que ».

Je ne sais pas quel est ton point faible, quelle est cette caractéristique qui fait de toi quelqu'un qui doit se conformer dans la vie à la situation dans laquelle il se trouve. Mais je tiens à vous dire que tout ce dont vous avez besoin se trouve en vous. Même ces caractéristiques, que vous n'appréciez peut-être pas, vous aideront à atteindre l'endroit où vous souhaitez réellement être. En fait, tout ce qui se trouve en vous est ce dont vous avez besoin pour votre réussite. Vous devez juste l'affiner et lui donner forme.

La couverture de cet ouvrage est une image de la tour de Pise. Il est impressionnant de constater comment sa singularité nous émerveille. N'est-ce pas ?

Tout le monde a des capacités fondées sur des talents naturels. Vous pouvez développer les capacités que vous possédez déjà telles que votre énergie, votre intelligence émotionnelle, votre réflexion, vos relations humaines avec une fondation humaniste, votre créativité, produire pour obtenir des résultats. Ce sont toutes des capacités naturelles chez toutes les personnes. À ces capacités, nous pouvons ajouter nos talents particuliers et notre singularité. Nous devons faire des choix qui exploitent au mieux nos capacités afin d'élargir nos possibilités.

Zone de croissance

Toutes les personnes aiment la réussite. Certaines l'aiment tellement qu'elles ne se mettent pas en marche par peur d'échouer. Nous souhaitons tous que les choses se déroulent comme nous l'avions prévu. Mais réussir est un art, et, pour que cet art soit bien exploité, il y a des capacités à développer obligatoirement. Pour cette raison, en développement personnel, nous voyons la réussite comme un succès qui se produit jour après jour si nous apprenons à rester chaque jour, le plus longtemps possible, dans notre zone de croissance. Il s'agit des petites victoires quotidiennes, des petites disciplines quotidiennes. Nous devons apprendre à rester dans notre zone de croissance le plus longtemps possible. S'agissant d'une tâche malaisée, nous devons trouver une méthode afin d'y demeurer. La croissance faisant mal, nous pouvons facilement abandonner cette zone. Dans mon ouvrage *Une vie remplie de sens*, je raconte comment, en 2010, j'aimais regarder des programmes de télévision dès que je le pouvais : le soir et le week-end. Cependant, j'ai remarqué que cet outil ne faisait que distraire. La télévision, non seulement n'apportait rien à ma vie, mais m'éloignait de la réussite. Nous avons tous uniquement 24 h dans une journée et il est très dommage de laisser du temps, des heures, dans une télévision. Un temps qui ne reviendra jamais. Un temps inexploité, un temps volé à ma réussite. Alors, décidée, j'ai tout simplement retiré de ma vue les chaînes de télévision. Mes enfants ont grandi sans télévision. Ma famille et moi regardons des films en famille durant la période de Noël. La télévision n'occupe aucune place dans notre vie. Mais, en 2010, j'ai dû être radicale face à ce sujet pour pouvoir rester longtemps dans ma zone de croissance.

À travers cet exemple, je cherche à illustrer la nécessité d'identifier les moyens particuliers à chacun visant à rester le maximum de temps dans sa zone de croissance. C'est dans notre intérêt et dans celui de nos projets, de nos rêves. C'est tellement tentant de rester dans notre zone de confort que nous pouvons avoir tendance à sortir facilement de notre zone de croissance. Nous trouverons toujours des excuses pour sortir de notre zone de croissance, mais ce sont justement ça : des excuses.

Rafael Nadal a dit : « *Quand nous désirons quelque chose avec beaucoup d'intensité, aucun sacrifice n'est trop grand.* »

Je crois réellement que tout est possible, que rien n'est facile et que l'appréciation de savoir si l'effort et le sacrifice valent la peine relève de la responsabilité de chacun.

Finalement, la véritable question est : suis-je prêt à payer le prix ? Suis-je prêt à apprendre tout ce que mon rêve, mon projet, mon désir exige d'apprendre, de sacrifier ? Suis-je prêt à changer de mentalité ? Vous devez adopter une mentalité de réussite pour pouvoir exploiter le maximum de votre potentiel. Le processus de l'apprentissage est simple et vous n'avez pas besoin de tout savoir pour avancer de victoire en victoire. Il suffit *d'apprendre un peu* et de *faire un peu*. N'attendez pas de tout savoir. Vous deviendrez excellent à mesure que vous pratiquerez.

Sheryl Sandberg a dit : « *Essayer de tout faire et espérer que tout puisse se faire à la perfection est la recette pour la déception. La perfection est ton ennemie.* »

Je crois que derrière le désir de tout savoir avant de commencer à réaliser quoi que ce soit, il y a la peur de l'échec, du ridicule, du rejet, de la déception.

« *Jusqu'à ce que vous rendiez l'inconscient conscient, il mènera votre vie, et vous direz que c'est votre triste destin.* » — Carl Jung

Nous devons aligner la tête et le corps pour que les actions suivent. Quand ils sont alignés, nous vivons de manière authentique.

[5]Une étude a été réalisée à Londres dans les années 50. Les techniciens d'un laboratoire ont apporté une cuillère remplie de puces et les ont mises dans un bocal. Ils ont laissé les puces pendant 24 heures. Au début, les puces ont heurté le couvercle du bocal pour essayer de sortir, mais finalement elles ont arrêté et se sont installées au fond du bocal. Quand les techniciens ont ouvert le bocal, les puces sont restées au fond sans sauter bien que le couvercle du bocal soit entièrement retiré.

Quel dommage pour ces puces ! Elles se sont conformées à l'environnement dans lequel elles se trouvaient, sans exploiter ce qu'elles pouvaient faire de mieux : sauter ! Nous vivons dans un monde en constant mouvement, avec des actualités de plus en plus déplorables, et négatives. Face à cette réalité, un peu comme les puces, vous avez deux possibilités : contempler les actualités, produire de la critique, du jugement en vous nourrissant de peur, de colère, d'inquiétude, en vous adaptant à, et en adoptant la réalité que vous voyez, ou bien vous vous levez avec tout votre potentiel et améliorez votre monde avec ce que vous avez entre vos mains.

Si vous souhaitez réellement exploiter au maximum votre potentiel, vous devrez adopter un modèle de constance. En effet, des petites actions faites au quotidien produisent de grands résultats lorsqu'elles sont répétées à l'infini. Cette constance doit être complétée par des décisions cohérentes en prenant de bonnes habitudes.

Avec de bonnes habitudes, vous commencerez à façonner le voyage désiré vers la destination de vie que vous avez choisie. Une des clés est de chercher quotidiennement des opportunités de croissance dans tous les domaines.

La boucle de la réussite de John C. Maxwell : Tester les choses, en tirer des leçons, s'améliorer et commencer à nouveau en testant, échouant, améliorant et recommençant encore et encore et encore et encore.

Nous devons faire de l'attitude positive l'une des caractéristiques de notre personnalité. Pour arriver à conserver une attitude saine, nous devons comprendre nos valeurs et nous devons comprendre qui nous sommes.
Sachez que notre attitude est notre choix. Personne ne peut nous la voler, nous la dicter et l'altérer. C'est une question d'intelligence émotionnelle. Dans notre vie, rien ne peut contrôler notre attitude sauf si nous donnons ce contrôle à une personne, à une situation, à un environnement, à des paroles, etc. Ça reste notre choix conscient ou inconscient. Avec notre attitude, nous pouvons soit illuminer une pièce soit l'assombrir. Et ça marche aussi pour nos circonstances.
Notre attitude peut les voir avec un œil de désespoir ou avec un œil d'apprentissage et d'espérance. Avoir une attitude positive n'empêche pas d'être réaliste. Une attitude est positive quand elle se focalise dans les possibilités d'apprentissages et de résolutions. Parfois, l'attitude négative peut être déguisée en « réaliste ». Vous ne devez pas opposer l'attitude positive et le réalisme.

Nous devons être réalistes pour pouvoir avancer. Le problème avec l'attitude négative est qu'elle peut être néfaste pour votre santé parce qu'elle génère du stress.

Parfois, sans même vous en rendre compte, vous pouvez développer du stress chronique, et dans ce cas les mécanismes d'adaptation et de réaction de votre système nerveux se saturent et produisent un blocage neurologique qui peut conduire à l'apparition de différentes maladies. Il faut comprendre que l'attitude négative découle d'un processus de pensées générant un comportement exagérément anxieux face à un problème. Avec ce système de fonctionnement, il est très facile de tomber dans un stress chronique, car vous entrez dans une zone émotionnelle qui vous rend vulnérable, et, comme notre tête est liée à notre corps, vous serez plus sensible face aux choses inconfortables et désagréables.

Les personnes en stress permanent souffrent principalement de deux problèmes : 1. Ralentissement sévère de la croissance et de la régénération saine du corps (nos capacités physiques et cognitives diminuent) 2. Le système immunitaire est altéré. Il n'est plus en mesure de faire la différence entre le tissu sain et le tissu nocif et par suite détruit les deux. Ainsi, vous vous affaiblissez physiquement et psychiquement.

Comme vous pouvez le constater, notre corps n'est pas indifférent au type d'attitude que nous choisissons d'adopter face aux circonstances. La bonne attitude est un choix, et ce choix vous appartient.

La bonté peut être une caractéristique à développer. Il a été scientifiquement prouvé que, quand une personne est très impliquée dans une cause sociale à laquelle elle dédie une partie de sa vie, la personne augmente significativement son espérance et améliore sa qualité de vie. Personnellement, je donne 10 % de mon temps à différentes causes. La bonté devrait être l'une de nos caractéristiques principales. La bonté améliore notre bien-être et celui de notre environnement.

Expérience scientifique de David McClelland :

Psychologue à l'Université de Harvard, il a fait regarder à un groupe d'élèves un film dans lequel Mère Teresa de Calcultta effectuait son travail au milieu des malades et des personnes en précarité. Les élèves ont été touchés par le film. David McClelland a analysé la salive des élèves participant à l'expérience et il a découvert un incrément au niveau de l'immunoglobuline A, un anticorps qui aide à combattre des infections virales et bactériennes.

« *Vis une vie bonne et honorable parce que quand tu seras âgé et que tu regarderas en arrière tu pourras profiter de ta vie une deuxième fois.* » — dalaï-lama

Nous devons avoir une mentalité d'abondance. Nous devons parfois rééduquer notre tête et stopper la mentalité limitante qui nous fait nous focaliser sur ce qui, selon nous, nous manque pour aller plus loin. L'abondance est de croire qu'il y a plus qu'assez.

« *Seule une personne médiocre est toujours à son meilleur niveau.* » — W. Somerset Maugham

 À retenir

- o Identifiez les caractéristiques à développer, développez-les, et devenez la meilleure version de vous-même.

- o Soyez redevable envers vous-même et dépassez vos propres attentes. Il y a 85 % de votre environnement qui ne répond pas à vos attentes, 10 % qui y répond, et 5 % qui les dépasse.

- o Méditez sur vos valeurs. Plus vous êtes sûr de vos valeurs, plus grande sera votre fermeté face au monde. Grandissez de plus en plus dans votre intérieur, car plus vous serez grand et ferme en vous, plus vous filtrerez aisément ce qui provient de votre environnement au lieu d'être une éponge qui absorbe tout, sans distinguer le bon et le mauvais.

- o Surveillez vos pensées. Un cerveau stressé est la conséquence de pensées toxiques.

- o Reconnaissez et célébrez les transformations et prises de conscience en cours de route, et non juste les résultats.

Choisissez à quoi penser, « réimaginez » vos capacités, créez un plan d'action et embrassez une vie sans limites.

Nous devons convertir la douleur, le stress et la souffrance en possibilités de croissance.

Vos caractéristiques sont votre singularité et votre singularité vous rend unique. Ouvrez les bras au changement avec direction et sens, en conservant vos valeurs. Maintenir le statu quo est plus facile que d'accepter le défi de vivre avec une mentalité qui voit des possibilités, avec une mentalité qui convertit tout en une possibilité de devenir meilleur, de devenir plus.

« *Quand tu penses que tu es au bout, tu n'es qu'à quarante pour cent de ce que ton corps est capable de faire. C'est juste une limite que l'on se met soi-même.* »
– SEAL

Questions de Réflexion :

1. Si vous étiez dix fois plus courageux et audacieux, que feriez-vous ?

2. Si vous étiez dix fois plus déterminé, que feriez-vous ?

3. Si vous étiez dix fois plus motivé, que feriez-vous ?

4. Si vous étiez dix fois plus positif, que feriez-vous ?

5. Que feriez-vous si vous saviez que vous n'échoueriez pas ?

6. Que feriez-vous si vous saviez que vous échoueriez 70 fois et que la 71e fois serait la bonne ?

7. Que feriez-vous sans bras et sans jambe ?

8. Que comptez-vous faire aujourd'hui pour devenir la meilleure version de vous-même ? Le choix vous appartient.

Pour pouvoir être vous-même, vous devez d'abord savoir qui vous êtes. C'est le sujet de notre prochain chapitre.

4

Qui es-tu ?

« *Nous sommes ce que nous faisons de manière répétée. L'excellence n'est donc pas une action, mais une habitude.* »

— Aristote

Généralement, quand cette question est posée, même si elle est posée sous une autre forme, la première réponse naturelle qui nous vient à l'esprit est : je suis médecin, avocat, ingénieur, femme au foyer, retraité, etc. C'est comme si, de manière inconsciente, notre subconscient relie qui nous sommes au travail que nous faisons. D'une certaine manière, je considère que cette façon de voir les choses a du sens. Il est vrai que nous sommes ce que nous faisons de manière répétée. Ce sujet est lié à l'identité, et à notre place dans le monde.

Pour savoir réellement qui nous sommes, nous devons connaître notre identité et avoir une vision claire de la place que nous avons dans les différentes sphères de notre vie : notre place dans le monde, dans la société, dans notre famille. Parfois, croire que nous ne savons plus qui nous sommes s'avère surtout être un mécanisme d'autodéfense de notre cerveau parce que notre place dans les différentes sphères mentionnées ne nous plait pas. Il est donc plus facile de dire « je ne sais pas qui je suis ». Une personne satisfaite réellement de sa place dans le monde saura sans hésiter qui elle est, et son identité. Dans certains cas, il est possible qu'une personne ne soit pas satisfaite de sa place dans le monde, mais qu'elle accepte sa réalité. Elle est alors en mesure de définir son identité. Chaque personne étant différente avec un parcours différent alors chaque situation est particulière.

Ce qui est certain, c'est que les questions d'identité sont de plus en plus fréquentes et sont en train d'impacter notre monde comme jamais auparavant. Effectuer des changements externes sur votre physique ne changera pas qui vous êtes par exemple. Il est vrai que, dans les exercices d'estime de soi, notre image joue un rôle important, mais rappelez-vous une chose : vous n'avez pas un miroir devant vous en permanence. Ce qui vous rappelle qui vous êtes, finalement, c'est votre intérieur, et c'est justement cet intérieur qui vous amène à des actions répétées caractérisant qui vous êtes. Comme vous le savez, je suis une femme de foi et, dans mon quotidien, je remercie de nombreuses fois Jésus. Je ne le fais pas par religion ou par obligation, je le fais parce que c'est ce que je suis. Quand je me lève, je dis bonjour Saint-Esprit. Quand je me couche, je dis bonne nuit Saint-Esprit. Le long de mes journées, je partage mes idées, mes peurs et mes frustrations avec Dieu, et, je médite sur sa Parole, La Bible. C'est dans les Écritures que mon mari David, mes quatre enfants, et moi-même trouvons tout ce dont nous avons besoin. Nous faisons ainsi parce que c'est ce que nous sommes.

Parfois, les inconforts internes liés à l'identité peuvent être tellement forts que certaines personnes peuvent modifier radicalement leur physique comme nous l'avons déjà mentionné rapidement. Mais notre nature est telle qu'elle est. Nous pouvons modifier tout ce que nous voulons, nous resterons qui nous sommes, car la transformation ne se fait pas de l'extérieur vers l'intérieur, MAIS de l'intérieur vers l'extérieur. En fait, l'extérieur est tout simplement le résultat visible, par notre environnement, de qui nous sommes réellement. Tout notre extérieur reflète de manière claire notre intérieur.

La réalité est que nous avons une identité, qu'elle nous plaise ou pas. La signification du mot « transformation » est intéressante. Il s'agit de modifier quelque chose tout en conservant son identité. Donc, nous avons une identité qui est définie par différents facteurs qui ont contribué à sa construction. C'est-à-dire que nous pouvons modifier certaines choses, mais notre identité, notre essence est immodifiable. Par exemple, je suis Française, c'est ma réalité, et je suis très reconnaissante envers la France, ce merveilleux pays, qui m'a adoptée. Cependant, je suis née au Nicaragua. Ma nationalité a été modifiée cependant, mon identité est demeurée immodifiable. Je serai, toute ma vie, d'origine nicaraguayenne. Voyez-vous ce que je souhaite expliquer ? Il n'y a rien de mal à modifier les choses. D'ailleurs, dans la croissance personnelle, nous sommes forcément en constante amélioration autrement dit en « changement ». Mais, ce qui est réellement important, c'est d'être conscient de notre identité, notre essence, notre nature immodifiable.

Identité

L'identité est, en sciences sociales, une notion qui a plusieurs sens, et qui se définit selon le sujet : individuel ou collectif. La notion d'identité est au croisement de la sociologie et de la psychologie, mais intéresse aussi la biologie, la philosophie et la géographie.

L'identité, selon LAROUSSE, est le caractère de deux êtres ou choses qui ne sont que deux aspects divers d'une réalité unique, qui ne constituent qu'un seul et même être.

Étymologiquement, le mot identité vient du bas latin identitas, « qualité de ce qui est le même », dérivé du latin classique idem, « le même ».

Nous ne devons pas confondre l'identité, la caractéristique, le caractère ou la personnalité. L'identité concerne la manière dont la personne se reconnaît.

L'essence immodifiable. La constitution de l'identité relève d'une différenciation immodifiable de l'individu par rapport aux autres.

Au fur et à mesure de son existence, l'individu constitue et confirme son identité, composée de multiples éléments, certains imposés et d'autres qui ont évolué au fil de son parcours et de son histoire.

Voici quelques exemples :

Facteurs corporels, génétiques, biologiques et physiologiques qui relèvent de l'espèce humaine, et qui la conditionne. (Partie immodifiable de l'identité.)

Facteurs culturels, historiques comme les origines, l'histoire, le parcours, le système de valeurs. (Partie modifiable de l'identité.)

Facteurs cognitifs comme les compétences, aptitudes, connaissances. (Partie modifiable de l'identité.)

Donc la partie modifiable de l'identité se développe ainsi durant toute la vie. Elle n'est pas constituée une fois pour toutes. Cependant, ses fondements sont basés sur la partie immodifiable de l'identité.

En résumé, il est possible de dire que l'identité est cet ensemble de caractéristiques qui nous singularisent des autres.

Par suite, pour savoir qui vous êtes, vous devez tout d'abord définir clairement votre identité modifiable et votre identité immodifiable.

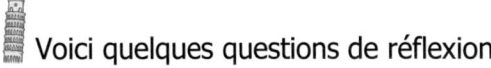 Voici quelques questions de réflexion :

1. Que faites-vous de manière répétée ?

2. Quelles sont vos pensées répétitives ?

3. Que faites-vous de manière répétée pour votre bien-être ?

4. Que faites-vous de manière répétée pour l'hygiène de votre sommeil ?

5. Que faites-vous de manière répétée pour votre hygiène alimentaire ?

6. Quelles sont vos habitudes en matière de dépenses, d'investissement et de dons ?

7. Que faites-vous de manière répétée de votre temps libre ou imposé ?

Construire la partie modifiable de l'identité, c'est faire le choix de vivre une vie intentionnelle chaque jour.

À une occasion, j'ai fait la connaissance d'un jeune garçon dont la maman nettoyait une maison de luxe dans laquelle elle était logée. Comme la maison était souvent vide, il venait avec ses amis et leur faisait croire que sa mère en était la propriétaire. Il était fauché et sa paresse l'empêchait d'exploiter son potentiel. Ayant honte de sa vie, de sa réalité, de ses origines, de sa maman, il s'était construit une vie dans le mensonge.

Ce garçon, d'une vingtaine d'années, avait de graves problèmes avec la partie immodifiable de son identité et, au lieu de construire ce qu'il souhaitait dans la partie modifiable de l'identité, vivait dans une fausse « réalité » qui le rendait terriblement malheureux, égocentrique, profiteur et dépourvu de la moindre empathie pour qui que ce soit, même pas pour sa propre mère à qui il mentait, qu'il exploitait et manipulait sans scrupules.

Voyez-vous jusqu'où peut conduire le problème d'identité ?

Pour vraiment exploiter de manière positive tout ce qui se trouve en vous, savoir qui on est est fondamental.
Malgré vos « défauts » et vos erreurs, vous êtes une belle création. Une création qui doit être façonnée de manière saine dans les domaines psychique et physique.
Ma suggestion est que chaque personne soit accompagnée par un coach ou mentor exemplaire qui est plus avancé qu'elle. Moi-même, je suis accompagnée par Maxwell Leadership depuis plusieurs années. Être accompagné par des personnes, des leaders exemplaires dans leurs domaines est la meilleure manière d'avancer. L'être humain n'a pas été créé pour être seul.

Comme nous l'avons mentionné, il y a donc une partie de notre identité qui est immodifiable. Maintenant, nous allons voir des propositions visant à construire la partie modifiable de l'identité.

Construire la partie modifiable de l'identité

Il y a trois éléments basiques et fondamentaux qui nous aident à construire de manière saine la partie modifiable de notre identité : *L'individu, le groupe* et *la communauté.*

L'identité de l'individu seul. Selon les recherches, il existe chez l'être humain cinq étapes invariables à travers lesquelles la conscience de soi et des autres se développe progressivement. J'ajoute que ces étapes invariables se développent dans trois sphères ou trois angles : l'individu, le groupe et la communauté. Durant les six premières semaines de vie, l'enfant fait la différence entre un soi écologique et l'environnement (première étape).

Cette première étape ne dit pas que l'individu est conscient d'être quelqu'un, mais il est conscient de sa différence en tant que soi écologique. À ce stade, son interaction avec les autres personnes est purement émotionnelle et psychique. Généralement, c'est à partir du deuxième mois environ que l'enfant commence à sourire et à avoir cette interaction sociale visible et tangible, une interaction qui est évidente. L'enfant commence à partager avec autrui dans le cadre de la « protoconversation » (deuxième étape). Entre deux et sept mois, tout en continuant à développer le sens d'un soi écologique, le bébé développe des attentes sociales dans ses rapports de réciprocité avec autrui (troisième étape). Dès 9 mois, le bébé commence à manifester non seulement des attentes sociales, mais aussi une attention partagée avec autrui (quatrième étape). Cette étape marque le début d'échanges sociaux qui deviennent réciproques avec des personnes devenant des référents dans l'environnement du bébé.

Enfin, entre 9 mois et 18 mois environ, l'enfant développe, en plus d'une attention partagée avec autrui, les débuts de la collaboration avec l'autre (cinquième étape).

Comme nous venons de le voir, l'être humain, de manière naturelle, passe par ces cinq étapes dans le développement de sa conscience de soi écologique qui va de pair avec le développement de son identité.

La manière d'exister de chaque individu constitue sa singularité, car elle est propre à chacun.

Pour construire cette partie modifiable de notre identité dans la sphère individuelle, nous devons comprendre que la sphère individuelle signifie la perception que nous avons de nous-mêmes en tant qu'individus.

 Voici une question qui vous aidera à méditer sur vous :

Quelle perception avez-vous de vous-même ?

La réponse à cette question ne concerne que vous. Si vous regardez en vous, très rapidement vous vous rendrez compte que vous souhaitez être vous en meilleur. Ce souhait ne signifie pas que vous ne soyez pas bon. C'est juste, qu'au plus profond de vous, se trouve un désir de vouloir le meilleur. C'est naturel. Si nous prenons un exemple simple, dans votre maison, vous achèterez ou ferez quelque chose pour qu'elle soit améliorée, plus agréable ou belle à vos yeux. Vous trouverez également le désir en vous d'être la meilleure version de vous-même.

Sur l'échelle de conscience du Dr Hawkins, il s'agit du niveau du courage. Quand nous sommes au niveau du courage, nous voyons notre vie avec la conscience, le courage, le désir et l'envie de faire quelque chose de meilleur. Ceci ne signifie pas que votre vie soit pauvre.

Il s'agit tout simplement d'un état de conscience qui nous ouvre les yeux pour améliorer notre monde.

Le monde étant composé en partie de vous et moi, si vous et moi agissons pour nous améliorer alors le monde s'améliorera également. Donc, pour vous aider à répondre à la question ci-dessus, voici ma suggestion : regardez en vous, et uniquement en vous. Ne vous comparez pas. Si vous avez besoin d'un modèle d'inspiration, alors soyez vigilant et choisissez quelqu'un d'exemplaire, pas pour vous comparer, mais pour vous inspirer. L'inspiration nous motive et nous fait agir pour devenir la meilleure version de nous-mêmes.

À partir de votre perception de vous-même, en prenant en compte vos talents, vos dons, vos « défauts », méditez jusqu'à arriver au niveau de conscience du courage.

Regardez-vous, regardez votre vie et décidez de faire quelque chose de meilleur !

NIVEAU	VIBRATION	EMOTION	VUE DE LA VIE	VUE DU DIVIN	PROCESSUS
Illumination	700-1000	Indicible	La vie EST	Soi	Pure conscience
Paix	600	Béatitude	Parfaite	Tous les Êtres	Illumination
Joie	540	Sérénité	Complète	Un	Transfiguration
Amour	500	Respect	Bienveillante	Aimant	Révélation
Raison	400	Compréhension	Sens	Sage	Abstraction
Acceptation	350	Pardon	Harmonieuse	Miséricordieux	Transcendance
Volonté	310	Optimisme	Pleine d'espoir	Inspirant	Intention
Neutralité	250	Confiance	Satisfaisante	Permettant	Libération
Courage	200	Affirmation	Possible	Autorisant	Responsabilisation
Fierté	175	Mépris	Exigeante	Indifférent	Inflation
Colère	150	Haine	Antagoniste	Vengeur	Agression
Désir	125	Envie	Décevante	Niant	Asservissement
Peur	100	Angoisse	Effrayante	Punitif	Retrait
Peine	75	Regret	Tragique	Méprisant	Découragement
Apathie	50	Désespoir	Sans espoir	Condamnant	Démission
Culpabilité	30	Reproche	Malveillante	Vindicatif	Destruction
Honte	20	Humiliation	Misérable	Méprisant	Élimination

Échelle de conscience du Dr Hawkins.

L'identité de l'individu en groupe : Pour construire cette partie modifiable de l'identité, nous avons besoin des uns et des autres. Nous avons besoin d'expériences collectives, d'expériences confortables et inconfortables, d'expériences douloureuses et agréables.

Sur la base d'observations faites durant plusieurs années dans des régions rurales du Pacifique Sud (Samoa), où l'enfant grandit dans un environnement socioculturel très différent de ceux des régions urbaines des riches pays occidentaux (par exemple Atlanta aux États-Unis), nous pouvons constater que le développement social et cognitif décrit dans les cinq étapes susmentionnées reste globalement invariant. Ainsi, nous avons une nature similaire, une nature qui nous unit, l'espèce humaine ! Nous avons tous besoin d'être en contact avec d'autres personnes pour nous développer, pour nous construire. La sociologie le décrit comme le lien d'interdépendance avec les autres créant une solidarité qui constitue une socialisation. En définitive, nous avons besoin des uns et des autres pour devenir meilleurs, pour réussir, pour accomplir des projets, des rêves.

« *Tout comme le fer aiguise le fer, l'homme s'aiguise au contact de son prochain.* » Proverbes 27 : 17

Nous sommes comme les membres du corps. Dans notre corps, tous nos membres ont une grande importance. Il est vrai que certains sont vitaux et pas d'autres, cependant nous avons besoin de tous nos membres pour vivre pleinement. Si l'un d'eux vous manque alors vous devrez apprendre à vivre de la sorte, mais, généralement, il s'agit d'une situation imposée et pas d'un choix. De la même manière, chacun de nous est important et nous devons prendre soin les uns des autres, même de celui que nous considérons être le mois important.

Au cours de ma carrière, j'ai eu l'honneur de rencontrer beaucoup de personnes possédant des profils et des parcours différents et j'ai remarqué que, dans le milieu de l'hôtellerie, les femmes de chambre sont maltraitées que ce soit par la partie du personnel hiérarchiquement supérieur ou par les clients. C'est un acte incompréhensible pour ma logique personnelle, car c'est grâce à cette équipe que nous pouvons profiter d'un séjour propre et agréable dans un hôtel. Finalement, sans elles, les hôtels n'existeraient pas. Nous sommes interdépendants comme l'enseigne la sociologie. Nous devons prendre conscience de cela et apprendre à travailler et à nous développer dans un ensemble avec les autres.

L'identité de l'individu en communauté : La construction de la partie modifiable de notre identité se créera également en communauté. D'abord, j'aimerais acter la différence entre **collectivité** et **communauté**. J'ai parlé plus haut de la construction de l'identité en groupe. Le concept de *groupe* est différent de celui de *communauté*.

Concernant le groupe, nous sommes censés être toujours en groupe. Ainsi, dès que nous quittons notre maison, nous sommes déjà en collectivité, en groupe. Nous sommes un membre singulier parmi d'autres dans une société. Nous pouvons prendre soin des uns et des autres, être polis, respectueux et bienveillants envers chacun.

Cette situation s'applique chaque fois que nous nous trouvons avec d'autres personnes, que ce soit dans un repas, chez le boulanger, dans la rue en conduisant, etc.

Concernant la communauté, c'est autre chose. La communauté, c'est un groupe de personnes partageant nos croyances. Nous restons un individu singulier bien sûr, cependant il existe un lien particulier unissant les membres de la communauté. Nous pouvons parler de communauté de foi par exemple. Dans cette communauté, les personnes sont unies par leurs croyances religieuses. Nous avons aussi les communautés professionnelles, les réseaux professionnels, les causes pour les associations, etc. Dans les communautés, nous sommes orientés vers la même direction. Dans l'exemple de la cause pour une association, les personnes qui en font partie se dirigent vers la même cause. Les idées, projets, démarches et rêves vont dans la même direction, vers la même cause.

L'être humain a besoin d'un lieu commun à d'autres humains où il peut exprimer librement ses idées, ses croyances, ses convictions, sa vulnérabilité. L'être humain a en lui, de manière naturelle, un désir d'appartenance.

C'est un besoin psychique, un besoin d'acceptation par un groupe. La communauté est essentielle pour la construction de la partie modifiable de votre identité. Si vous n'avez pas de communauté, vous serez tentés soit de vous isoler « parce que personne ne vous comprend et que vous êtes différent... » soit d'essayer de dissimuler qui vous êtes, pour être accepté dans un groupe qui ne vous correspond pas.

La meilleure manière de choisir une communauté est de bien analyser si la communauté en question est alignée avec vos valeurs. Dans mon ouvrage « *Une vie remplie de sens* », je traite le thème des valeurs. Je ne veux pas dire qu'elle doit avoir des valeurs identiques aux vôtres, cependant il y a des valeurs qui ne sont pas négociables.

Personnellement, une de mes valeurs non négociables est l'humanisme. Pour moi, la valeur « humaniste » doit se trouver au cœur de la communauté dont je fais partie. Plus largement, la valeur « humaniste » doit, pour moi, se trouver également au cœur de toutes mes relations proches. Cette valeur doit être le cœur de mes projets, de mes rêves, de mes démarches.

Voici quelques questions de réflexion :

1. Où vous trouvez-vous en tant qu'individu seul ?
2. Où vous trouvez-vous en tant qu'individu en groupe ?
3. Où vous trouvez-vous en tant qu'individu en communauté ?

Construire intentionnellement ces trois éléments affirmera votre personnalité et vous donnera confiance en vous, car vous saurez qui vous êtes réellement. Avant de vous donner à vous-même et aux autres, vous devez construire un socle, un ancrage à partir duquel vous pourrez concrétiser la suite de votre parcours intentionnel.

Lorsque vous êtes en équilibre avec vous-même grâce à une construction intentionnelle de votre identité, le monde devient un meilleur endroit où vivre. Le monde s'améliore parce que quand nous sommes à un niveau de conscience élevé nous exploitons le potentiel qui se trouve en nous à notre bénéfice et aussi au bénéfice de notre environnement.

Comme l'a dit le vingt-huitième président des États-Unis :

« *Vous n'êtes pas là uniquement pour gagner votre vie. Vous êtes là pour permettre au monde de vivre plus pleinement, avec une vision plus large, selon un esprit mieux axé sur l'espoir et la réalisation de soi. Vous êtes là pour enrichir le monde, et vous vous appauvrissez si vous oubliez la mission à accomplir.* » — Woodrow Wilson

Un homme incroyable, appelé Nick, a été invité en tant que conférencier à un évènement Maxwell Leadership. Il est une véritable source d'inspiration et une preuve vivante que nos limites sont uniquement celles que nous nous imposons. Sa vie témoigne que les limites ne s'imposent jamais à nous. Il est un conférencier inspirant et transformationnel à succès, ayant écrit et publié plusieurs ouvrages, ayant joué dans des films, ayant été invité dans des programmes tels que *Oprah,* et ayant parlé à des centaines de millions de personnes dans le monde entier en remplissant souvent des stades.

Qu'en pensez-vous ? Le succès de Nick vous fait-il rêver ? Trouvez-vous son histoire impressionnante ?

Dans le chapitre précédent, je vous ai demandé ce que vous feriez sans bras et sans jambe. Je ne sais pas ce que vous feriez ou ce que moi je ferais dans de telles circonstances. Cependant, Nick Vujicic a su quoi faire, et il a choisi d'aller au-delà des limites. Nick est né sans membre. Comme vous pouvez l'imaginer, son enfance fut vraiment difficile. Mais, il a choisi de persévérer. Il a pris ses forces dans la foi, dans l'amour de ses parents, et dans son désir de faire une différence.

Dans son livre *La vie au-delà de toute limite*, Nick a écrit :

Helen Keller, qui a perdu à la fois la vue et l'ouïe dans son enfance, mais est devenue une célèbre activiste et auteure, a dit qu'une vie en sécurité n'existe pas. La vie est une aventure audacieuse, ou rien. Le risque, alors, ne fait pas juste partie de la vie. C'est la vie.
   L'espace entre votre zone de confort et vos rêves est l'endroit où votre vie se déroule. C'est la zone d'anxiété maximale, mais c'est aussi là où vous découvrez qui vous êtes. Karl Wallenda, patriarche de la légendaire famille de funambules, l'a bien compris quand il a dit : « Être sur la corde, c'est vivre ; tout le reste, c'est attendre ».

Nick n'avait pas de ressources pour créer les résultats que nous voyons aujourd'hui dans sa vie. Il avait juste le désir au plus profond de lui de faire une différence. Il a décidé de commencer à appeler les écoles et de leur proposer de parler des sujets comme le harcèlement, d'avoir de grandes attentes et de ne jamais abandonner.
   Il a reçu 52 refus, mais la 53e a dit oui et lui a proposé de le payer 50 dollars. Nick les a donnés à son frère Aaron pour qu'il le conduise à cette école. Nick a fait 5 heures de trajet, et a parlé à 10 élèves pendant seulement 5 minutes. Il s'est senti bête, mais cela ne l'a pas découragé.

Déterminé, il a continué à avancer en direction de son rêve de devenir conférencier et d'encourager des foules.

Actuellement, Nick reçoit environ 40 000 demandes de prises de parole par an.

« L'espace entre votre zone de confort et vos rêves est l'endroit où votre vie se déroule. » — Nick Vujicic

Le monde se construit autour de stéréotypes. Le monde se focalise sur des paradigmes, et détermine un nombre limité de « cases » visant à simplifier et homogénéiser la complexité de la réalité humaine. Si vous ne vous inscrivez pas dans une de ces « cases », vous êtes « bizarre ». Vous ne devez pas permettre au monde de vous dire qui vous êtes censé être.

Vous devez savoir avec clarté qui vous êtes, qui vous n'êtes pas, ce que vous avez et ce que vous n'avez pas.

Être clair et accepter ce constat est ce qui vous aidera réellement à avancer. Comme nous pouvons le voir à travers l'histoire de Nick, il y a toujours un chemin pour atteindre son objectif à la condition d'être conscient de sa singularité.

Il existe une frustration très grande et une pression terrible quand nous cherchons à être une personne que nous ne sommes pas. Il existe une pression pour devenir un chat alors que nous sommes peut-être un poisson. Cette pression génère un stress permanent important. Cette pression poussant à devenir une autre personne ouvre la porte à un stress chronique. Le stress chronique est préjudiciable à notre santé. Je considère que le sujet du stress est pris à la légère. Certaines personnes dissimulent leurs symptômes au moyen de médicaments, mais il s'agit d'une des causes plus fréquentes de déséquilibre physique, psychologique et comportemental.

Il est important de prendre conscience que le stress ne se limite pas à un sentiment d'inconfort, mais qu'il modifie notre comportement. Un stress chronique est nocif et doit être pris en charge. En général, il est le résultat d'un état de vigilance permanent, d'une préoccupation constante, générant de l'anxiété, de la peur et de l'inquiétude. Si vous êtes un chat et que vous souhaitez devenir un poisson, il est évident que vous serez anxieux en permanence face au fait que vous n'arrivez jamais à atteindre votre objectif.

Vous serez inquiet en pensant que vous n'arriverez probablement jamais à devenir un poisson. Il est impossible de devenir une autre personne, mais devenir la meilleure version de soi-même est à la portée de tous.

Vouloir devenir une autre personne génère de la pression. Attendre que les choses changent comme par magie, génère de la pression. Souhaiter une « bonne année » génère de la pression, car l'année ne sera pas différente si vous agissez toujours de manière identique.

Il y aura constamment des difficultés pour tous au quotidien. Pratiquer du sport est peut-être difficile, mais être obèse aussi. Vivre dans sa zone de croissance est difficile, mais voir sa vie stagner aussi. Avoir des enfants est difficile, mais décider de ne pas en avoir aussi. À vous de choisir votre difficulté.

Réflexions au sujet des différents types de stress :

Les déséquilibres physique, psychologique et comportemental surviennent quand il y a un déséquilibre entre le cortisol (hormone du stress), la sérotonine et la dopamine (hormones d'impact positif et de bien-être dans le corps). *Physiquement*, vous le constaterez avec des changements au niveau de la couleur de votre peau, l'apparition de cheveux blancs, de chutes de cheveux, de troubles cardiaques tels que la tachycardie, d'un cycle menstruel altéré, de problèmes de fertilités, entre autres.

Parfois, même le système locomoteur peut se voir affecté et développer un sommeil chronique conduisant à un ralentissement des mouvements sans explication. Vous vous trouvez ainsi à rester souvent au lit ou sans faire beaucoup d'exercice dans votre quotidien. Sur le plan *psychologique*, vous constaterez des changements dans votre sommeil, une tristesse récurrente sans cause apparente, une irritabilité, une apathie, une aboulie, entre autres.

Sur le plan *comportemental*, avec des niveaux de stress élevés et durables, c'est-à-dire un niveau excessif de cortisol dans le sang, les personnes cherchent l'isolement, car elles ont des difficultés à initier une conversation. Elles n'aiment pas, et parfois refusent, la vie sociale en collectivité et communauté.

Comme je l'enseigne souvent, le cerveau ne fait pas la différence entre le réel et l'imaginaire. Chaque fois que nous modifions notre mentalité, consciemment ou inconsciemment, il se produit un changement dans l'organisme, aux niveaux moléculaire, cellulaire et génétique. Il est essentiel de prendre conscience de ce mode de fonctionnement de notre organisme et de nous responsabiliser sur ce sujet en encadrant nos pensées et en rejetant les pensées toxiques. Les pensées s'adaptent, se renouvèlent et se reconfigurent grâce aux facteurs et circonstances quotidiennes. De la même manière, quand nous modifions notre posture physique, le cerveau et notre côté émotionnel le perçoivent.

Comme vous pouvez le constater, le manque d'acceptation et chercher à devenir quelqu'un d'autre déclenchent un processus cérébral nocif pour notre équilibre psychique, physique et spirituel. Cependant, à aucun moment, je souhaite transmettre le message que le stress est mauvais. Le cortisol est très important pour nous, et heureusement que nous l'avons. Dit d'une autre manière, grâce à lui, nous pouvons surmonter beaucoup de situations. Son rôle protecteur est vital dans nos vies.

Sans ce « bon » stress, généré par le cortisol, nous ne pourrions pas nous sortir de situations de danger et de défi.

Ce « bon » stress est notre allié dans la gestion des préoccupations et des frustrations qui font partie de la vie telles qu'une compétition sportive, un examen, etc. Quand il fonctionne comme il se doit, il doit durer uniquement le temps d'une situation déterminée afin que la personne puisse s'adapter à la situation en question, et se rééquilibrer une fois la situation génératrice du stress passée. Toutefois, nous devons être vigilants au stress chronique. Ce type de stress est toxique et grave pour notre santé. Comme je l'ai dit précédemment, le rôle du stress est de nous protéger pendant un court moment en élevant significativement notre état de vigilance pendant le moment où nous nous sentons menacés (menace réelle ou imaginaire). Être soucieux de l'avenir par exemple, ou faire face à la maltraitance, l'abandon, au harcèlement, ou quelque chose de moins grave peut être la source d'une sensation, d'un sentiment d'inquiétude et de préoccupation qui se maintient durant plusieurs semaines, plusieurs mois et parfois plusieurs années. Il s'agit d'une situation de stress chronique qui doit être traitée. Ce déséquilibre, avec une concentration de cortisol excessive en permanence dans le sang, peut altérer notre concentration et notre mémoire. C'est également une grande porte ouverte à la dépression.

D'ailleurs, l'une des causes de la dépression est de vivre en état d'alerte pendant de longues périodes. Comme je le répète souvent, la partie psychique ne peut pas être séparée de la partie physique. Notre monde physique est le résultat de notre monde interne. Vous avez probablement remarqué que, quand nous sommes stressés ou inquiets, nous rencontrons des difficultés pour réfléchir avec clarté. Nous sommes comme dans un brouillard, dans l'impossibilité d'agir avec cohérence. Cet état apparaît quand l'organisme active le mode « peur », « vigilance ».

Il se met alors dans une configuration de fonctionnement pour survivre à la menace. Le cortex préfrontal, qui est une zone du cerveau prenant en charge la concentration, la résolution des problèmes, la gestion de la planification, se « désactive » ce qui rend difficile la gestion de la réflexion, des situations et des émotions. La mémoire, par exemple, est très sensible au cortisol.

L'hippocampe, qui est la zone du cerveau chargé de l'apprentissage, s'altère facilement face au stress. Quand le stress est activé pour un court instant, il n'y a pas lieu de s'alarmer, mais quand ce stress, et ses conséquences physiologiques deviennent permanents, notre organisme fonctionne en altérant notre santé.

Je tenais à parler brièvement du sujet du stress, car le déséquilibre mental peut constituer un obstacle ou nous ralentir dans la réalisation pleine de nos projets de développement personnel. Certains sont plus sensibles à l'anxiété que d'autres, certains s'inquiètent plus facilement que d'autres, et de la même manière certains se tranquillisent plus facilement que d'autres. Dans certains cas, les personnes ne peuvent revenir à l'équilibre qu'au moyen de médicaments. Quoi qu'il en soit, l'inquiétude ne peut pas être permanente. Si c'est votre cas, il est important de consulter un médecin et de faire le nécessaire pour mettre en place des habitudes saines qui vous aideront dans votre équilibre physique et psychique.

Comme le dit ce chapitre : nous sommes ce que nous faisons de manière répétée.

Créer des habitudes qui vont favoriser notre croissance personnelle est un pas essentiel pour notre bien-être. Nous ne devons pas rendre les situations et les personnes responsables de nos inquiétudes. Nous avons le choix de garder notre équilibre en tant qu'acteurs face aux éléments de notre environnement qui sont de nature à nous déstabiliser. Il suffit d'être conscient de cette réalité et de les identifier. En 2023, en France, 44 % de femmes et 32 % des hommes ont déclaré avoir une santé mentale moyenne ou mauvaise, premièrement pour des raisons liées à leurs vies professionnelles, et deuxièmement pour des motifs financiers. Selon l'étude réalisée par [8]l'IFOP pour « Mes Bienfaits », 95 % des Français sont stressés ou anxieux.

Tous les profils sont concernés : hommes, femmes, jeunes, seniors, ruraux et urbains. Le stress et l'anxiété font partie du quotidien des Français. Seulement 5 % d'entre eux parviennent à rester zen dans l'actualité. Nous sommes des êtres moins rationnels qu'émotionnels, et notre monde interne doit être précisément soigné. Le stress chronique ouvre une porte à la dépression et ralentit le processus de croissance psychique et physique.

Certains possèdent une perspective tellement négative de leur vie quotidienne, de leur avenir, d'eux-mêmes qu'ils finissent par se voir comme des personnes porteuses d'un « handicap/faiblesse ». Cette image d'eux-mêmes développe du stress en eux. Cependant, quand vous prenez conscience de qui vous êtes, vous pouvez vous servir de tout ce qui est en vous pour devenir plus, tout comme Nick.

La ~~faiblesse/le handicap~~ singularité de Thomas

Quel est le « handicap » de Thomas ? Pauvreté, échec scolaire, surdité... Tout dépend de votre manière de voir les choses.

En 1854, alors qu'il est âgé de 7 ans, sa famille s'installe à Port Huron dans le Michigan où son père obtient un emploi de charpentier. Son professeur, le révérend Engle, le considère comme un enfant hyperactif stupide, car il se montre trop curieux, pose trop de questions et n'apprend pas assez rapidement. Après trois mois de cours, il est renvoyé de son établissement scolaire. Aidé par sa mère qui lui donne des cours à la maison, il complète alors sa formation de base en parfait autodidacte (instruction en famille).

En 1859, âgé de 12 ans, Thomas obtient la concession exclusive de vendeur de journaux, boissons, cigares, cigarettes, bonbons, dans le train de la « Grand Trunk Railway » qui fait l'aller-retour quotidien Port Huron-Detroit.

Âgé de 13 ans, il attrape la scarlatine qui le rend pratiquement sourd. Dès lors, ce handicap influence fortement son caractère, comme il l'explique lui-même : « J'étais exclu de cette forme particulière des relations sociales qu'on appelle le bavardage. Et j'en suis fort heureux... Comme ma surdité me dispensait de participer à ces bavardages, j'avais le temps et la possibilité de réfléchir aux problèmes qui me préoccupaient. » Ce comportement renfermé sur la pensée et la réflexion influence aussi son développement intellectuel et personnel.

Son désir d'améliorer le sort de l'humanité décuple son avidité pour la lecture, en particulier pour les ouvrages de chimie, d'électricité, de physique et de mécanique.

Après avoir fait le choix d'identifier et de saisir les opportunités, son parcours s'est enrichi et appuyé sur différents travaux.

En 1879, Thomas Edison a pu inventer l'ampoule connue aujourd'hui.

« Je n'ai pas échoué une seule fois. J'ai simplement découvert 10 000 façons qui ne fonctionnent pas. »
— Thomas Edison

Thomas Edison n'était pas doté d'un cerveau ou d'une situation « magique ». Il a juste fait le choix d'exploiter son potentiel avec ce qu'il avait entre ses mains. Tout simplement.

Et vous ? Que comptez-vous faire avec ce que vous avez entre vos mains ? Que comptez-vous faire avec votre ~~faiblesse~~, ~~handicap~~ singularité ?

Dans votre voyage de découverte et de connaissance de vous-même, vous devez prendre conscience que vous n'êtes pas du « prêt à porter ». La société bien intentionnée a industrialisé le processus éducatif, social et collectif. Tout commence par, soit une pensée discrète au fond de votre cœur, soit par un rêve, mais les deux rejoignent le même endroit : le lieu où vous souhaitez réellement être. Pour atteindre ce lieu, vous devez développer votre capacité à vous installer dans votre présent, guéri du passé, avec votre vue dirigée vers l'avenir. Ceux qui vivent dans le passé sont des personnes dépressives qui ont des choses à régler. Ce positionnement les handicape pour vivre dans le présent et encore plus pour construire un avenir.

Ceux qui sont anxieux pour l'avenir sont incapables d'agir efficacement dans le présent et ne disposent pas d'une vision claire du lieu qu'ils souhaitent réellement atteindre.

Si vous vous trouvez dans une de ces deux situations, vous n'allez pas pouvoir construire l'avenir que vous désirez, car l'avenir comme le passé se construisent dans le présent. Vous devez être responsable de votre action dans cet instant. Vous pouvez faire votre propre test, en vous demandant ce qui vous préoccupe. Si votre réponse se trouve dans le passé ou dans l'avenir, alors vous êtes en train d'oublier votre présent, donc vous devez faire le nécessaire pour revenir au présent.

Vous pouvez vous aider en vous posant la question suivante : de quoi ai-je besoin pour revenir à mon présent ?

La réponse à cette question vous aidera à trouver la direction dont vous avez besoin. Dans tous les cas, rappelez-vous que, si vous souhaitez construire l'avenir et édifier les souvenirs que vous désirez, ces derniers se forgent dans le présent ! Si vous êtes absent dans le présent, vous serez présent soit dans le passé soit dans l'avenir, c'est-à-dire que vous serez soit dépressif soit anxieux, les deux grandes maladies du XXIème siècle.

Si vous êtes en train de lire cet ouvrage, vous avez un certain niveau de conscience du potentiel que vous possédez et qui doit être exploité. Un des meilleurs outils, disponible pour tous et réparti équitablement entre tous, est le temps. Nous disposons tous de la même quantité de minutes dans une journée. Les minutes que nous n'avons pas utilisées pendant notre journée ne sont pas cumulables. Elles disparaissent comme de la fumée. Le développement personnel et intellectuel, la croissance personnelle, la réalisation de nos rêves exigent un investissement plein de notre vie et de tout ce que nous possédons. Nous devons apprendre à aligner toutes nos minutes avec notre plan de croissance personnel, pour pouvoir réaliser ce pour quoi nous sommes sur la Terre. Il n'y a pas de magie. Si vous voulez des résultats différents de ceux que vous avez aujourd'hui, il va falloir faire des choses différentes. Il va falloir effectuer des changements dans votre manière de faire les choses.

« La folie, c'est de faire toujours la même chose et de s'attendre à un résultat différent » — Albert Einstein

Voici trois questions puissantes sur lesquelles j'ai travaillé lors d'une séance de mentorat avec Mark Cole, PDG des entreprises Maxwell Leadership :

1. Qu'est-ce que je dois <u>arrêter</u> de faire ?
2. Qu'est-ce que je dois <u>continuer</u> à faire ?
3. Qu'est-ce que je dois <u>commencer</u> à faire ?

Si vous ne voyez pas clairement le changement que vous devez effectuer, méditez les trois questions précédentes. Si vous manquez d'inspiration, suivez le conseil de Picasso :

« *L'inspiration existe, mais elle doit nous trouver en train de travailler.* »

La meilleure manière de commencer est de faire. Le véritable problème se trouve dans la conviction que vous avez que ce rêve ou projet ne peut pas se réaliser. La capacité de faire quelque chose est un état d'esprit.

Pouvez-vous répondre à la question de connaissance de soi suivante : qui êtes-vous ? Votre réponse sera votre point de départ pour construire avec votre ~~faiblesse/handicap~~ singularité.

5

Construis avec ta ~~faiblesse/ton handicap~~ singularité

« *Ce n'est pas le vent qui décide de ta destination, c'est l'orientation que tu donnes à ta voile. Le vent est le même pour tous.* »

— Jim Rohn

D'une manière générale, une personne qui « sort du lot » n'attire pas un regard positif sur elle. Plusieurs raisons peuvent être à l'origine de cette situation : jalousie, envie, perspectives ou paradigmes. Selon les pays, les régions, l'environnement socioculturel, les personnes possèdent différents degrés d'ouverture d'esprit, de développement personnel et intellectuel. Une femme m'a raconté que, dans la région où elle vivait, elle n'avait jamais été écoutée jusqu'à ses 30 ans.

Ce n'est qu'à partir de cet âge que les personnes ont commencé à l'écouter. C'était comme si, dans sa région, les personnes de moins de 30 ans n'étaient pas dignes d'être écoutées. Un phénomène similaire se produit avec la singularité. Aristote disait :

« *Seul un esprit éduqué peut comprendre une pensée différente de la sienne sans avoir à l'accepter.* »

J'aime cette citation, car, à travers elle, Aristote nous explique que notre degré d'éducation détermine notre comportement face à la singularité. Nous voyons notre environnement depuis un certain paradigme. Comme le disait Stephen Covey :

« *Nous ne voyons pas le monde tel qu'il est, mais en fonction de ce que nous sommes, ou tel que nous sommes conditionnés à le voir.* »

Je parle des paradigmes dans mon deuxième ouvrage « *La puissance de la réflexion* ». LAROUSSE définit le mot « éducation » comme l'action de former et d'instruire quelqu'un. Au cours de notre vie, nous recevons une instruction, à différents niveaux, « directe » et « indirecte ».

L'instruction directe est celle que nous recevons de manière « directe » de nos enseignants, de notre école, de différentes formations, etc. L'instruction « indirecte » est constituée de tout le reste c'est-à-dire tous ces enseignements que nous offre la vie au quotidien que nous le voulions ou pas. Cependant, c'est à nous de choisir d'apprendre au pas. Donc toute cette éducation « directe » et « indirecte », que chacun a reçue à différents degrés, construit la ~~faiblesse~~ singularité d'une personne. Ce qui est délicat dans tout cela est que chaque être humain porte en lui de la ~~faiblesse~~ singularité et la majorité des personnes la cache pour essayer de « ressembler » à madame ou monsieur tout le monde et, ainsi, rentrer dans un certain moulage. Voilà pourquoi, la communauté, dont j'ai parlé plus haut, est si importante. Les personnes se sentent gênées par leur singularité, alors que, c'est justement cette singularité qui fait leur force.

Les gens commencent à essayer de construire sur la base du profil de leurs voisins ce qui conduit à peu de choses, car vous pouvez lutter toute votre existence, mais vous ne serez jamais quelqu'un d'autre. Vous pouvez vous transformer physiquement autant que vous le souhaitez, mais vous continuerez à être vous. Platon, dans sa philosophie, décrit ceci comme « le tombeau de l'âme ».

Dans la vie, il est vrai qu'il y a des moments où le plus important est de survivre et de trouver un soutien, un appui. MAIS, le reste du temps, nous devons nous efforcer de devenir la meilleure version de NOUS-MÊMES. Nous avons tous un rêve commun. Nous souhaitons tous réussir.

Peu importe le domaine, nous aimons et souhaitons réussir. Cependant, la plupart des personnes voient ceci comme une acquisition, comme une destination, comme un trophée du hasard, alors que la réussite n'est pas quelque chose qui s'acquiert, mais il s'agit de quelque chose que nous attirons à notre vie comme le résultat de la personne que nous devenons intentionnellement. C'est justement une des différences entre ceux qui réussissent et ceux qui ne réussissent pas. Je suis encore dépassée quand j'entends certains dire que ceux qui réussissent ont bénéficié d'un heureux hasard qui a fait que... le chanteur a été découvert... une femme de la société « classique » a épousé un prince... Dans la vie, la réussite n'est pas un hasard. Si ce n'est pas vous-même, alors quelqu'un d'autre l'a construit intentionnellement pour vous pousser vers le haut. Quelqu'un a payé le prix, mais la réussite n'est pas gratuite.

Pour construire avec votre singularité, vous devez, tout d'abord, l'accepter avec une profonde honnêteté.

« Je ne suis pas un produit de mes circonstances. Je suis un produit de mes décisions. » — Stephen Covey

Ceci est le premier pas à effectuer pour construire avec votre singularité ou « faiblesse ». Vous devez prendre conscience qu'entre l'endroit où vous êtes et l'endroit où vous souhaitez être, il y a un écart est que cet écart se décrit en un seul mot : « apprentissage ». C'est cet apprentissage qui va tisser et façonner qui vous êtes.

Prenez conscience que **la maturité et la sagesse ne sont données ni par l'âge ni par l'expérience, mais par l'apprentissage.**

Étant donné que l'apprentissage est la clé, nous devons être attentifs à **ceux qui** nous apprennent et à **ce que** nous apprenons. Nous devons analyser l'impact que ces enseignants, influenceurs et mentors ont dans nos vies et nous poser la question : nous tirent-ils vers le haut ou vers le bas ? La neurobiologie, l'inconscient, les émotions et le plus profond de notre psychisme expliquent en grande partie notre comportement. Et tout ceci se nourrit de ce que nous introduisons à l'intérieur. J'explique ceci dans mon ouvrage *Une vie remplie de sens*. Notre monde psychique est nourri par nos cinq sens.

Voici quelques questions qui peuvent vous aider à identifier et faire le tri dans votre nourriture psychique :

1. Quelle émotion produit en moi ce que je regarde sur les écrans ?

2. La musique, les programmes radio que j'écoute comportent-ils des paroles de vie ?

3. Quel type de littérature lis-je ? Est-ce juste un passe-temps ou s'agit-il de textes qui vont me fortifier ?

4. Quelles sont mes fréquentations ? S'agit-il de personnes avec lesquelles je passe de bons moments ou de personnes qui m'aident à devenir quelqu'un de meilleur ?

Une fois que vous avez commencé à modeler et à construire sur qui vous êtes réellement, avec votre identité et avec votre singularité, vous devrez payer le prix. Le prix du rejet.

Le prix du rejet

Comme je l'ai expliqué précédemment, pour diverses raisons, la singularité occasionne un inconfort chez certains. Assumer qui vous êtes réellement, assumer votre identité, vous fermera la porte de l'acceptation d'un groupe de personnes. Vous devez être en paix avec ça. Cependant, la manière avec laquelle vous faites face aura un impact.

Si vous n'êtes pas encore ferme dans qui vous êtes, vous serez peiné de ne pas être accepté par certaines personnes. Mais si vous savez qui vous êtes, si vous connaissez vos valeurs et que vous avez de la conviction dans vos croyances, que vous savez clairement le chemin à suivre, alors le rejet ne sera plus pour vous un châtiment ou une zone d'inconfort. D'où l'importance d'une communauté. Vous devrez décider de payer le prix de qui vous êtes, non seulement une fois, mais tous les jours, en permanence, parfois même au sein de votre propre famille. Quand vous commencez à marcher avec vous-même, en vous améliorant chaque jour, je vous garantis que vous commencez à voir des résultats qui vous approcheront de votre état désiré.

Et, les résultats ne mentent pas. Les résultats éclairent notre chemin. Dans mon ouvrage *Une vie remplie de sens* je parle du concept *de bilan de résultat*. Le résultat vous permettra de confirmer ou de corriger votre trajectoire. Le résultat est un outil que nous devons utiliser en notre faveur dans notre marche quotidienne. Avoir de bons résultats ne signifie pas que vous serez accepté par tout le monde. En ce qui concerne le rejet, quels que soient vos résultats, vous serez rejeté par certains. Comme je l'ai dit plus haut, c'est le développement personnel et intellectuel de votre environnement qui conditionne le fait que vous et vos idées soyez ou non acceptés par un groupe de personnes. Il faut prendre conscience que, vous aussi, vous rejetez certaines philosophies, certaines valeurs, certaines idées, certaines coutumes. Ceci est complexe parce que notre monde est interconnecté et l'ouverture d'esprit, le savoir humain sont limités. Parfois, il y a des choses que nous ne pourrons jamais expliquer. Quoi qu'il en soit, « dépréoccupez-vous » du rejet. Quoi que vous fassiez ou pensiez, vos idées seront rejetées par certains tout comme vous pouvez être amené à rejeter certains savoirs.

Voici une pensée de mon amie Élisa :

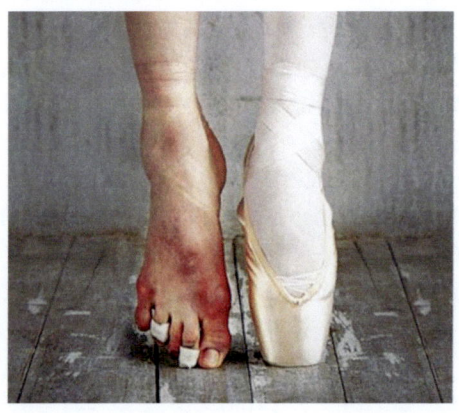

« Il n'y a que toi qui sais la joie et la peine d'être qui tu es. » — Dr Elisangela Rodrigues

Parfois, dans mes séances, j'entends des phrases telles que « j'ai été souvent rejeté ». Comme je viens de l'expliquer, nous sommes tous rejetés par un groupe de personnes. Nous nous focalisons à l'excès sur le rejet quand les trois éléments de la partie modifiable de notre identité n'ont pas été construits. Par exemple, si vous n'avez pas l'élément de communauté, vous n'aurez pas d'équilibre entre le groupe qui vous rejette et votre bien-être. Tout ce que vous recevrez sera du rejet et il n'y aura rien pour contrebalancer cette situation. Sans cet équilibre, la focalisation sur le rejet peut générer un impact qui peut vous faire perdre le sens de votre existence. Il est important de comprendre comment nous fonctionnons mentalement, comment fonctionne notre processus d'information, de perception, comment fonctionnent nos émotions, notre comportement. Le rejet, par exemple, active une partie du cerveau appelée le cortex insulaire.

Le cerveau, les marqueurs physiologiques, les gènes, les cellules, les sentiments, les émotions, les pensées fonctionnent comme un tout. Les maladies physiques ont, dans beaucoup de cas, une relation directe avec les émotions.

En résumé, la joie et la peine d'être qui tu es t'apporteront de bons résultats qui te conduiront vers ton état désiré. Et avec les trois éléments pour construire la partie modifiable de ton identité tu acquerras l'équilibre dont tu as besoin pour payer le prix d'être qui tu es en te permettant de construire avec ta singularité.

Finalement, pour comprendre quelqu'un correctement, nous devons le connaître, et je crois que vous serez d'accord sur le fait que nous ne pouvons pas connaître correctement toutes les personnes de notre environnement. Le rejet est, par conséquent, obligatoire et parfois même inconscient. Au lieu de parler de rejet, je préfère dire « affinité ». Il y aura toujours des personnes au cours de notre route avec lesquelles notre singularité n'aura aucune affinité. Ceci fonctionne dans les deux sens.

Si nous analysons en profondeur le sujet, ce rejet n'est pas vraiment dirigé contre vous en tant que personne.

« *Car nous n'avons pas à lutter contre la chair et le sang, mais contre les dominations, contre les autorités, contre les princes de ce monde de ténèbres, contre les esprits méchants dans les lieux célestes.* » Éphésiens 6 : 12

Dans la construction d'un immeuble, tous les détails comptent. Avez-vous remarqué comment, parfois, dans notre maison, ce petit coin dans la cuisine nous dérange, car il n'a pas été correctement peint, fini, etc. ? Pour notre vie, c'est un peu la même chose. Les plus petits détails exercent une influence dans notre quotidien et nous rappellent nos choix passés, nos choix présents et nos choix futurs. La vie est remplie de détails. À une occasion, une jeune maman habitant dans des logements sociaux me raconta qu'elle ressentait une profonde tristesse quand elle regardait son petit jardin à travers la fenêtre. Son jardin était très boueux, dépourvu de pelouse, avec un logement en vis-à-vis habité par un voisin malveillant et désagréable.

Ce court instant durant lequel elle regardait quelques secondes par la fenêtre lui rappelait ses choix et la remplissait de regrets, car elle ne voulait pas être dans cette situation. Ces courtes secondes lui rappelaient toutes les difficultés financières par lesquelles elle passait chaque jour. En substance, ce paysage à travers la fenêtre lui rappelait sa réalité actuelle.

Il s'agissait juste d'un regard de quelques secondes par une fenêtre, mais ce détail était suffisant pour attrister profondément ses journées.

La vie est faite de détails. Inversement, les jolis détails cumulés peuvent impacter votre quotidien positivement d'une manière significative. Mais ceci est lié à une construction intentionnelle. L'attente de jours meilleurs n'est pas le meilleur moyen de parvenir à une vie réellement utile dans laquelle vous ne faites pas qu'exister, mais vous vivez. Pour atteindre cette vie, vous devez construire intentionnellement. Vous devez réaliser cette construction avec les meilleurs outils que vous avez entre vos mains, avec le meilleur qui est en vous, avec toute votre singularité orientée vers les rêves les plus profonds de votre cœur. Vous devez être dans l'action même si les circonstances ne sont pas optimales. Il faut prendre conscience qu'à notre naissance, nous avons tous un jeu de cartes. Celui-ci peut être bon ou moins bon, mais c'est celui que nous avons reçu et c'est celui que nous possédons. Nous devons jouer ces cartes le mieux possible ! Il s'agit d'une limitation de naissance que nous ne pouvons pas dépasser. C'est notre point de départ, et nous n'avons aucun contrôle sur le début de notre vie.

Voici quelques points de réflexion pour construire intentionnellement avec votre singularité :

- o La vie est un constant recommencement.
- o La plupart du temps, il y a des blessures dans une biographie.
- o Il y a des éléments extérieurs à nous que nous ne pouvons pas changer.

o   Nous ne pouvons pas contrôler tout ce qui se passera dans notre vie, mais nous pouvons choisir l'attitude avec laquelle nous faisons face.

Comprenez que ce processus de construction est vraiment difficile et nous devons être accompagnés par des professionnels qui nous aident à construire. Précédemment, j'ai parlé d'apprentissage. Les personnes réellement intelligentes sont disposées à apprendre de l'expérience des autres. Vous réaliserez cette construction avec deux éléments : *performance* et *compétence*.

Performance signifie réussir remarquablement dans un domaine. Dans notre contexte, dans votre processus de performance, vous devrez travailler sur plusieurs sujets pour performer, notamment sur votre singularité ou « faiblesse », estime de soi, confiance en soi, perspective, attitude, intelligence émotionnelle, etc. Beaucoup d'autres aspects de votre monde interne devront être renforcés. Il s'agit d'un travail sans fin, car le travail en soi est un travail à vie. Rappelez-vous que la réussite n'est pas une acquisition, mais le résultat de la personne que vous devenez. Ce principe s'applique, quelle que soit la sphère dans laquelle vous souhaitez réussir : domaine personnel, vie professionnelle, relations avec les autres. Plus vous voulez réussir, plus vous devrez investir en vous ! Plus vous voulez devenir une meilleure mère, épouse, grand-mère, plus vous allez devoir investir dans votre développement personnel ! La *Compétence* est en lien avec les formations.

Pour construire avec votre singularité et réussir, vous allez devoir acquérir des compétences. Vous devrez non seulement les acquérir, mais les perfectionner tout au long de votre vie. Vous allez devoir apprendre à faire quelque chose de remarquable pour réussir et pas seulement « faire ».

Voici une pensée de mon ami Benoit qui illustre parfaitement ce que je viens de dire :

« *Il ne suffit pas de faire les choses, il faut les faire **bien**, il ne suffit pas de faire les choses bien, il faut les faire de manière **répétée**, il ne suffit pas de faire les choses de manière bien et répétée, il faut les faire pendant **longtemps** avec **persévérance**.* » — Benoit THIERRY

Dans un langage plus direct, on peut dire que vous allez devoir vous bouger si vous voulez réussir à faire quelque chose de remarquable avec votre singularité. Vous allez devoir payer le prix chaque jour. Votre zone d'inconfort doit devenir votre zone de confort.

À une occasion, j'ai accompagné une personne qui n'avait acquis ni performance ni compétence. Elle se trouvait dans une situation très difficile à la suite de ses choix : logement social, plusieurs enfants, chômage, un conjoint avec un faible revenu. Au moment où nos vies se sont croisées, elle avait pris conscience de l'endroit où elle se trouvait. Elle désirait véritablement avancer.

Cependant, il y avait en elle une profonde paresse qui la ralentissait. Nous avons consacré plusieurs heures à choisir une formation. Nous faisions l'inventaire une fois puis une autre fois de tous les métiers auxquels elle pouvait prétendre à ce moment-là, mais aucun ne lui convenait.

Elle a fini par choisir une formation qu'un proche, avec beaucoup d'efforts, a financée. Finalement, elle l'a débutée et, au bout de quelques semaines, elle l'a arrêtée. Elle se trouve toujours dans le « vouloir », dans le « désir » de faire quelque chose de remarquable, mais le problème est que sans performance ni compétence, avoir un grand désir ne vous servira pas à grand-chose. Les personnes qui réussissent construisent avec ce qu'elles ont, avec leur singularité, avec leur « faiblesse ». Elles payent le prix jour après jour. Elles développent leurs performances et leurs compétences chaque jour. Elles sont dans un apprentissage constant. Nick, qui est un modèle d'inspiration, mesure un mètre de haut. Il nage, il va pêcher, il peint, il est un excellent orateur et il tape quarante-cinq mots par minute. Nick a réussi à construire son parcours sans aucune formule magique, mais avec de la préparation et en apprenant. Il a fait le choix de développer ses performances et ses compétences.

« Les personnes qui réussissent ont de grandes bibliothèques ; le reste a de grandes télés. » — Jim Rohn

La question n'est pas de savoir si quelque chose est possible ou pas. Il s'agit de déterminer comment je peux faire pour la réaliser. Il est vrai que les épisodes qui ont écrasé quelqu'un, physiquement et/ou psychologiquement, laissent une empreinte importante dans sa biographie.

Vous pouvez considérer ceci comme une faiblesse ou une singularité négative. Cependant, il n'y a pas de singularité négative. Ce qui est négatif, c'est la manière selon laquelle vous voyez votre singularité et ce que vous en faites.

L'histoire de Boris Cyrulnik

Boris Cyrulnik naît à Bordeaux en 1937, au sein d'une famille juive ashkénaze arrivée en France dans les années 1930. Son père, Aaron Cyrulnik, ébéniste ukrainien, s'engage dans la Légion étrangère. Durant l'Occupation, ses parents le confient en 1942 à une pension pour lui éviter la déportation. Il est ensuite recueilli à l'Assistance publique, puis par une institutrice bordelaise, Marguerite Farges, qui le cache chez elle rue Adrien-Baysselance durant deux ans. Lors de la rafle du 10 janvier 1944, il est détenu à la grande synagogue de Bordeaux. Il s'y cache dans les toilettes et est sauvé alors par une infirmière. Il est ensuite pris en charge et caché par un réseau, puis placé dans une ferme, sous le nom de Jean Laborde, jusqu'à la Libération.

Ses parents, arrêtés en 1942 et 1943, meurent en déportation. Il explique que c'est cette expérience personnelle traumatisante qui l'a poussé à devenir psychiatre.

Boris avait seulement cinq ans quand il a commencé à vivre cet épisode traumatique de sa biographie. Au lieu d'être la victime de cette « faiblesse », de cette singularité « imposée » par son histoire, par son « mauvais sort », sa « mauvaise chance », Boris a décidé d'être un protagoniste. Boris se rend compte qu'à travers sa biographie, il peut comprendre les causes d'un traumatisme. Son propre traumatisme l'inspire à aider, en tant que psychiatre, des enfants à se reconstruire après un traumatisme ou une rupture émotionnelle. Boris a également développé le concept de résilience.

Comme nous tous, Boris avait deux choix quand il se levait le matin après sa nuit de sommeil : soit continuer à dormir, et, dans son cas, s'apitoyer sur son sort en rêvant à la vie qu'il aurait pu avoir, soit se lever et s'engager dans la construction d'une vie de réussite. Je crois que nous serons tous d'accord pour dire que Boris a fait le bon choix.

Ce qui est intéressant dans sa biographie, c'est qu'il ne s'est pas levé uniquement pour réussir, briller et avoir une vie meilleure, mais pour accomplir un travail visant à aider son monde à devenir meilleur. Il a construit tout cela avec la singularité « imposée » par son histoire.

Et vous ? Quel est votre choix le matin ? Restez-vous dans votre lit pour continuer de rêver ou vous levez-vous pour construire votre vie de rêve avec votre singularité ?

Notre cerveau exerce une influence significative sur notre corps. La pensée a du pouvoir sur notre cerveau et sur notre corps. Si vous voulez construire positivement, vous devez penser positivement. Comme nous pouvons le relever dans les statistiques relatives au stress, la plupart des personnes vivent dans une détresse silencieuse, car la société n'a pas été construite pour que chacun puisse réaliser ses rêves, sa mission de vie, ce pour quoi il est sur terre. Il y a des cases à cocher, et si vous ne les cochez pas, vous serez mis à l'écart et marginalisé. Le désir le plus profond de l'être humain étant de se sentir aimé, reconnu, accepté, il renonce à ses rêves pour pouvoir cocher les cases. Dans l'ensemble de ce processus d'accomplissement, vous devez prendre conscience que vous pouvez construire avec votre singularité même s'il n'existe pas de case faite pour vous.

Vous pouvez la créer vous-même, tout comme Nick l'a fait. Vous devez identifier, dans votre vie, les plafonds que vous ne pouvez pas dépasser et ceux que vous pouvez franchir. Nick ne pouvait pas se faire pousser des bras et des jambes. C'était un plafond indépassable sur lequel il n'avait aucun contrôle. C'était le jeu de cartes qu'il avait reçu à sa naissance et il devait apprendre à jouer le mieux possible avec lui. C'était son point de départ, MAIS pas une limitation à sa mission, à ses rêves et à sa contribution positive à ce monde. Je suis persuadé que Nick est la preuve vivante que les limitations se trouvent dans notre monde psychique et non physique.

Il y a quelque chose qui doit être clair. Vous ne pouvez pas laisser les autres définir votre potentiel. Vous ne pouvez pas laisser les autres vous imposer des limites.

Vous devez vous diriger vers la destination que vous désirez et non vers la destination que les autres ont choisie pour vous. Concrètement, vous devez refuser de laisser les autres définir notre potentiel. Vous avez à l'intérieur de vous, une usine, un laboratoire pour construire votre mission de vie. Ne laissez pas la culpabilité, le passé, le rejet, votre point de départ vous empêcher de construire ce que vous souhaitez construire. Tout a une solution, tout peut être traité, mais d'abord, vous devez identifier qui vous êtes et où vous êtes pour pouvoir construire. Vous devez préparer le terrain, guérir, vous reconstruire si nécessaire, avant de construire, vous rééduquer, apprendre et désapprendre. Un chemin sans issue n'est pas un chemin sans solution. Il peut être vu comme une sorte de signalisation vous indiquant par où vous devez passer.

Il n'y a que vous qui pouvez décider de l'endroit où vous souhaitez aller, arriver. Il n'y a que vous qui pouvez décider de croire que c'est possible. Il n'y a que vous qui pouvez accepter de payer le prix pour vous y rendre.

Dépendance

Quand nous entendons le mot dépendance, notre processus de réflexion nous amène, la plupart du temps, à penser à des substances, mais il existe plusieurs formes de dépendances sans substance qui peuvent vous faire stagner.

À une occasion, j'ai rencontré une dame très dépendante de son fils. Elle avait rêvé toute sa vie d'avoir un fils mature dans sa tête, responsable, qui l'aimerait. Cependant, en grandissant, son fils était devenu une personne totalement contraire à cette personnalité rêvée. Il vivait de l'argent qu'il pouvait extraire de son environnement par tous les moyens sans rien donner en retour, mais il n'éprouvait pas le moindre sentiment de gentillesse pour sa mère. Il la conservait dans son cercle proche afin d'avoir la capacité de lui prendre tout ce qu'il pouvait sans scrupule. Cette femme montrait une telle dépendance pour son fils qu'elle faisait tout ce qu'il lui demandait. Dans ses moments d'anxiété, elle répétait « je ne peux pas lui dire non ». J'ai présenté cette situation à des amis psychiatres qui m'ont proposé plusieurs hypothèses : cette femme est amoureuse de son fils, elle veut tellement contrôler la vie émotionnelle de son fils qu'elle le rend dépendant d'elle, etc.

Bref, j'ai conseillé à cette femme d'aller voir un médecin.

Vous ne pouvez dépendre ni de quoi que ce soit, ni de qui que ce soit. Nous vivons en société, et, comme la sociologie l'explique, nous sommes interdépendants. Mais ici, je parle de la dépendance nocive semblable à la dépendance à des substances. Se faire plaisir est une chose différente. Dans un positionnement sain à l'égard du plaisir, vous possédez la capacité de dire oui à un plaisir et non à un autre plaisir avec la maturité de choisir en contrôlant vos désirs et non le contraire. Les plaisirs et les gratifications instantanés ne doivent pas diriger votre vie.

Il ne s'agit pas de renoncer à tout ce qui vous fait plaisir. Il s'agit de ne pas créer de dépendance. *La dépendance* est le fait de convertir les désirs en besoins. Votre liberté s'accroît à mesure que vos dépendances régressent. La personne dépendante a tendance à avoir une faible estime d'elle-même et, dans la majorité des cas, souffre d'anxiété et de dépression. Je ne parle pas de dépendance à des substances. Je parle de personnes liées émotionnellement à des individus, des programmes TV, des aliments, des images de violences, etc.

La dépendance rend esclave. Je vous ai présenté ci-dessus une situation réelle de dépendance relationnelle nocive, mais il existe beaucoup d'autres formes de dépendances qui peuvent affecter votre développement personnel telles que passer des heures devant des jeux vidéo, réseaux sociaux, etc. En fait, le désir n'est plus du désir, mais un besoin que vous ne pouvez plus contrôler.

Dans ce cadre, l'état de dépendance est en relation avec le manque d'intelligence émotionnelle. Ainsi, si vous êtes une personne impulsive, émotionnelle, impatiente, et que ces émotions vous contrôlent, vous êtes dépendante de vos instants, comme les animaux. J'ai rencontré une personne qui n'arrivait jamais à conserver un travail plus de quelques mois. Systématiquement, au bout d'environ deux mois, elle commençait à identifier des choses négatives et elle changeait de travail. Elle a agi ainsi toute sa vie. Elle expliquait cette instabilité professionnelle en affirmant, fièrement, qu'elle ne se « laissait pas faire ». La dépendance génère de l'instabilité dans votre vie quotidienne, dans vos relations, dans votre développement personnel, dans le développement de votre potentiel.

La dépendance est cette incapacité à se contrôler en ayant conscience des résultats néfastes que cela produit.

Pour construire avec votre singularité, vous avez besoin d'être libéré de toute dépendance ou attachement émotionnel. Nous devons imposer notre volonté à nous-mêmes pour que nos projets puissent voir le jour et que nous puissions croître. Quand quelqu'un poursuit véritablement son rêve, sa mission de vie, ce pour quoi il est sur Terre, il arrive plus loin que ce qui semble être ses limites.

L'interdépendance

Comme l'enseigne la sociologie, nous sommes interdépendants. Pour acheter du pain, nous avons besoin de la boulangerie, etc. Ce raisonnement s'applique également à nos réalisations. Nous avons besoin les uns des autres pour réaliser de grandes choses. Si vous pouvez réaliser seul votre rêve alors votre rêve est vraiment petit.

Toute grande réussite a besoin de soutien. Nous avons besoin les uns des autres. Il s'agit de l'interdépendance.

Nous avons tous des carences, des défauts et des points qui sont des obstacles pour notre réussite. Nous devons donc compenser tout cela avec les vertus et les points forts des autres personnes.

« *Si tu veux aller vite vas tout seul, si tu veux aller loin vas avec des autres.* » — Proverbe africain

L'attitude d'interdépendance aide à développer la capacité du travail en équipe, l'apprentissage, la flexibilité, entre autres choses. Il y a de nombreuses personnes possédant du talent qui n'arrivent pas à réaliser ce qu'elles aimeraient en raison de leur mauvaise attitude. En revanche, les cas de personnes avec une bonne attitude qui n'arrivent pas à réaliser ce qu'elles souhaitent sont rares. L'interdépendance ne se limite pas à une finalité pratique : j'ai besoin de pain, je vais à la boulangerie. Il s'agit également du développement cognitif, que nous stimulons, et psychique, qui se produit, à travers cette interaction avec les autres. Le cerveau s'affaiblit quand il ne se nourrit que de lui-même, quand il est tout seul. C'est d'ailleurs une des raisons pour lesquelles je suis opposée au fait de laisser les personnes âgées dans une maison de retraite. Les personnes âgées doivent vieillir et mourir au sein d'un foyer chaleureux, rempli d'amour, entourées de leurs enfants et petits-enfants. Il n'y a pas d'excuses pouvant justifier de faire le contraire, sauf, bien entendu, dans les cas où ces personnes sont toxiques et que leur présence affecte votre santé mentale.

Construire sans culpabilité

Il y aura toujours des erreurs dans notre trajectoire. Il n'existe pas de biographie sans erreur. Certaines erreurs entraînent des conséquences plus graves que d'autres, mais, dans tous les cas, l'essentiel est de se prendre en charge, d'apprendre et de s'améliorer. Le passé est une source précieuse d'apprentissage, mais il ne peut pas prédestiner notre construction vers l'avenir. Nous ne pouvons pas revenir sans cesse dans le passé. Une des techniques utilisées en psychiatrie pour identifier un patient en dépression est de l'écouter parler. Si le patient ne parle que de son passé, il y a de fortes chances qu'il soit en dépression ou qu'il en soit proche. Depuis quelques années, j'étudie beaucoup sur le comportement humain et j'écoute, de plus en plus de manière active, mon interlocuteur. En tant que consultante en analyse comportementale, je me suis aperçue que les deux sujets principaux des discussions sont le passé et un présent insatisfaisant. Il est rare d'entendre une personne se projetant pleinement vers l'avenir.

La culpabilité vient dans notre vie par deux canaux. Elle peut venir de *l'intérieur* de la personne ou elle peut venir de *l'extérieur*. Quand la culpabilité vient de *l'intérieur*, le cerveau reviendra constamment à une erreur, une déception, un mauvais choix. L'individu est focalisé sur lui-même. Il est focalisé sur ses limitations, sur ses erreurs. Il se traite avec mépris et dureté. Il se trouve dans une situation mentale de blocage qui l'empêche d'identifier ce qu'il y a de positif et l'aveugle quant à la projection de son avenir. Quand la culpabilité vient de *l'extérieur*, il s'agit de l'environnement qui pointe du doigt l'individu : « si tu fais ça, tu vas rendre triste papa et maman », « c'est pour toi que je fais ça » « tu aurais dû le voir venir », « tu aurais dû étudier la médecine et pas la comptabilité » « Je te l'avais dit » « Tu aurais dû penser à…. », etc. Vous pouvez avoir ce type de personne dans votre environnement qui attend une faille de votre part pour vous pointer du doigt en éprouvant un grand plaisir.

Pour construire avec votre singularité, vous devez être libre de toute culpabilité. Cette dernière vous empêchera de réaliser vos projets, et, si vous réalisez quelque chose, cela ne perdurera pas sur le long terme, car la culpabilité pèse, et, avec elle, vous ne pourrez pas vous déplacer très loin. Quand vous souffrez de culpabilité, la meilleure manière de guérir est d'être accompagné. Selon votre degré de culpabilité, vous pouvez choisir différents types de thérapies et de traitements. Il est important d'en parler à différents professionnels de la santé physique et psychique. Vous ne devez en aucun cas rester avec de la culpabilité, car elle est une porte ouverte au processus de la dépression qui commence généralement par le stress chronique.

« *Ne mettez pas votre vie en pause pour pouvoir vous appesantir sur l'injustice des blessures passées.* »
— Nick Vujicic

Construire en gérant sa peur

Gardez présent à l'esprit que la vie ne s'améliore pas par hasard, mais à travers le changement que nous sommes prêts à faire. S'améliorer signifie changer : amélioration = changement. Sans changement, nous devons nous conformer à tout. Pour construire à l'extérieur, vous devez construire depuis votre intérieur. Cependant, le changement, dans la plupart des cas, fait peur et c'est normal. Quand notre cerveau détecte l'inconnu, il nous envoie des signes d'alerte pour nous protéger d'un éventuel danger. Généralement, la peur apparaît quand nous anticipons que les choses doivent se faire d'une manière déterminée avec un résultat déterminé. Quand nous commençons à prendre conscience que l'incertitude n'est pas notre ennemie, mais qu'elle fait partie du processus, nous commençons à nous détacher de ce résultat spécifique dans lequel nous sommes enfermés et limités. Quand nous ne nous adaptons pas à l'incertitude, il est fort possible que nous vivions en stress. Nous ne sommes alors pas en mesure de laisser de la place pour de nouvelles questions. Nous sommes donc conduits vers les mêmes questions récurrentes qui nous amènent vers les mêmes réponses déjà connues. Notre processus de réflexion est ainsi conditionné à produire les mêmes résultats à partir des mêmes éléments de départ.

L'inconnu comportant, par définition, une part d'incertitude quant au résultat que nous souhaitons spécifiquement, nous devons laisser de la place pour des résultats imprévus. Nous voulons que les choses se déroulent comme nous l'avons déterminé, mais il y a une partie de l'avenir sur laquelle nous n'avons pas de contrôle. Concernant la partie contrôlable, nous devons faire de notre mieux en donnant le meilleur de nous. En revanche, la partie non contrôlable ne peut pas être sous notre contrôle. Une des clés pour construire tout en gérant sa peur est de faire des choses qui vont vous permettre d'avoir confiance. Par exemple, si vous n'aimez pas parler en public, alors soyez intentionnel et saisissez toute occasion pour parler, même s'il s'agit d'un public de deux personnes.

Si vous avez peur de conduire, conduisez. La confiance est le résultat de la pratique. Ce qui est véritablement important est de prendre les décisions depuis une perspective de sagesse et non de peur. La peur n'est pas une bonne conseillère dans la prise de décisions. Elle nous dira toujours de ne pas faire les choses puisque son rôle est de nous protéger. Elle voit le danger partout. C'est nous qui devons encadrer cette émotion.

Construire est difficile. Contrairement à une maison pour laquelle vous pouvez employer des professionnels issus des différents corps de métiers du bâtiment, dans la construction avec votre singularité, vous devrez construire vous-même avec vos propres mains. Vous pouvez bien sûr être accompagné par différents professionnels tels que des coachs, des psychologues, psychiatres, etc. Mais le travail de construction en lui-même devra être réalisé par vous-même. Ce travail ne peut pas être délégué. Mais, malgré tous les défis que cela représente, construire avec votre ~~faiblesse/handicap~~ singularité est possible, réalisable et à votre portée. Vous avez juste besoin d'une seule chose : prendre la décision.

Lorsque nous avons commencé à construire, il faut, par la suite, vivre avec cette construction. Après avoir construit une maison, vous devrez vivre avec elle, car c'était l'objectif pour lequel vous l'avez construite. Dans la construction avec votre singularité, c'est la même chose. Vous construisez avec l'objectif de réaliser ce pour quoi vous êtes sur Terre. Inspirer et encourager votre environnement à travers qui vous êtes, vos talents, votre parcours, votre expertise, votre exemple. Pour cela, vous devrez choisir de *vivre* et vous ne pourrez pas vous satisfaire de seulement *exister*. C'est l'objet de notre prochain chapitre.

6

Vis avec ta ~~faiblesse/ton handicap~~ singularité

« *La différence est une richesse, pas une faiblesse.* »

— Albert Einstein

Pour pouvoir vivre, il faut d'abord faire la différence entre *vivre* et *exister*. Tant que nous respirons, nous existons, mais vivre c'est un choix. J'en parle de manière approfondie dans mon ouvrage « *Une vie remplie de sens* ». Vivre, c'est avoir un sens à son existence, à sa vie. C'est justement ce qui est perdu de nos jours, « le sens ». Le sens de la vie est en lien direct avec « le bonheur ». Actuellement, notre monde a remplacé « sens » par « sensations ». Les personnes essayent de remplir le vide spirituel par la recherche acharnée des sensations corporelles.

Les personnes essayent de remplacer le véritable sens de la vie par des émotions satisfaisantes, « gratifications momentanées ». Le monde n'a pas seulement normalisé ce style de vie, mais il l'encourage et tend à l'orienter vers l'immoralité. L'être humain recherche la possession et il confond le bonheur avec la possession.

L'être humain donne une place importante à la réussite extérieure sans se soucier de son état intérieur. Ce type de démarche, excluant toute spiritualité, vide la personne. Concrètement, la spiritualité est un besoin humain qui nous connecte à la vie. Exister, même avec de nombreuses et multiples possessions et gratifications momentanées, n'est pas la même chose que vivre. À une occasion, j'ai entendu une dame âgée dire d'une fille de 19 ans : « oh! Elle n'est pas malheureuse, voiture neuve, fille unique, sorties avec ses copines, argent quand elle le demande ». Cette femme faisait une relation directe entre *bonheur, sens de la vie* et *gratification momentanée*.

Cet exemple me fait penser aux titres de l'enseignement supérieur. En règle générale, si vous avez des titres, alors, il est possible qu'on vous prenne pour quelqu'un d'intelligent, de sage, de respectable. Cependant, avoir un certain volume de connaissances académiques, un titre, et même un bon salaire dans certains cas, ne signifie pas que vous savez ou que vous avez appris. La connaissance, le savoir et l'apprentissage sont trois notions distinctes. Identifiez-vous les différences entre chacune d'elles ? L'information ou l'instruction que vous avez reçue de manière directe ou indirecte ne sera pas pleinement exploitée si vous ne faites que la stocker dans un coin de votre cerveau pour exprimer cette information ou connaissance uniquement dans un diner dans le but de vous rendre intéressant. Plus que recevoir une instruction, connaissance, information, un titre, diplôme, etc., il faut surtout assimiler et comprendre ce que nous avons reçu de manière à être en mesure de mettre l'ensemble en pratique. Parfois, j'entends : « Je lis beaucoup… ». C'est formidable, mais si rien n'est assimilé, compris et mis en pratique alors cette lecture restera de l'exercice cérébral. Donc votre action sera exploitée partiellement. Il y a une différence entre avoir des choses, des possessions, des connaissances, etc., et réellement les utiliser. Quand vous ne faites que stocker, vous ne faites qu'exister. Les personnes veulent de l'information, des cours, sans finalement vouloir connaître la vérité, parce que la vérité nous met face à nous-mêmes, à nos erreurs, à notre faiblesse, à notre singularité. Dans un de mes coachings en groupe, je donnais du soutien à un groupe de parents pour qu'ils puissent être heureux en élevant ceux que Dr Dobson appelle *des enfants à volonté ferme.*

En tant que consultante DISC, je les identifie comme des enfants ayant un fort trait de personnalité « D » même si, durant l'enfance, la personnalité est encore en cours de construction. Vous pouvez accéder à une information approfondie sur les différents types de personnalité dans mon ouvrage « La puissance de la réflexion ». Pendant ces coachings de groupe sur ce thème intéressant énormément les parents présents, ces derniers prenaient des notes et posaient beaucoup de questions, mais finissaient par exprimer le fait que « c'est difficile de se mettre en action et de faire le nécessaire pour que ma relation avec mon enfant à volonté ferme fonctionne, mais c'est quand même bien d'avoir de l'information sur le sujet… ». C'était triste pour moi d'entendre une telle déclaration. Vous instruire sera une perte de temps et d'argent si vous n'utilisez pas, ou que vous utilisez partiellement, ce que vous avez reçu.

Apprendre, apprendre et apprendre sans jamais percevoir à l'intérieur de vous la vérité puissante derrière l'apprentissage est dommage, mais ça reste votre choix.

Finalement, peu importe votre volume de savoir si vous n'êtes pas en action. Votre connaissance fera de vous un intellectuel dans un ou plusieurs domaines, mais pas quelqu'un de réussite.

« *Apprenant toujours et ne pouvant jamais arriver à la connaissance de la vérité.* » 2 Timothée 3 : 7

Vous devez *vivre* avec votre singularité et pas *exister*. Le choix vous appartient.

Question de réflexion : Je *vis* ou j'*existe* ?

Résilience

Un des outils les plus efficaces, quand nous décidons de *vivre*, est la résilience. Ce concept a été développé par le Docteur Boris Cyrulnik que j'ai mentionné précédemment.

Selon la psychiatrie, la résilience est la force intérieure que nous avons tous développée à différents degrés. *Selon le dictionnaire*, la résilience est la capacité d'un écosystème, d'un biotope ou d'un groupe d'individus (population, espèce) à se rétablir après une perturbation extérieure (incendie, tempête, etc.). Cyrulnik a développé davantage sa signification en disant que la résilience est la capacité de l'être humain à se rétablir après un traumatisme sans rester marqué à vie de manière à pouvoir finalement être heureux. Cyrulnik insiste sur la *flexibilité psychique,* car il l'a observée à travers son expérience avec des malades d'Alzheimer.

En résumé, la résilience envoie un message d'espoir que la science explique et que l'expérience de vie matérialise.

C'est pour cette raison que, pour *vivre* avec notre singularité, nous devons changer notre manière de penser, et voir notre singularité ou « faiblesse » comme un potentiel à exploiter. La réalité est qu'aucune pensée ne produit de changement dans notre vie. Cependant, une pensée répétée encore et encore finit par faire partie de nous. Si nous intériorisons sur le long terme ce message d'espoir constant alors l'espoir finira par faire partie de nous. La résilience doit faire partie intégrante de notre vie, de notre croissance, de notre développement, de notre progrès.

> *« Les espèces qui survivent ne sont pas les espèces les plus fortes, ni les plus intelligentes, mais celles qui s'adaptent le mieux aux changements. »* — Charles Darwin

Dans la résilience, il y a trois éléments à prendre en compte :

1. . *Le développement personnel* : C'est-à-dire vos outils, les outils qui se trouvent en vous, que vous avez intégrés dans votre processus de réflexion, et votre niveau ou votre degré de développement personnel et intellectuel.

2. *L'environnement familial* : Il est important d'avoir un soutien de la part des figures d'attachement émotionnel, psychologique et spirituel. Par exemple les parents et les enfants, ou tout simplement les personnes qui vous ont élevé. Si vous n'avez pas de telles personnes, vous pouvez les créer avec votre conjoint et vos propres enfants. Nous avons tous ce que la psychologie appelle une « figure d'attachement ».

3. *L'environnement social* : Ici, il s'agit de la collectivité et de la communauté dont j'ai parlé précédemment.

Il s'agit d'une situation dans laquelle vous êtes un équilibriste, en train de traverser un ravin, soutenu par ces trois éléments (représentés par la corde et les deux points d'ancrage de celle-ci) qui vous permettront de rester debout et de maintenir votre équilibre et votre flexibilité psychiques face au changement.

Si nous changeons de registre, et nous passons de l'espace aérien à l'espace maritime, je dirai que je considère qu'il y a trois types de bateaux. *Le premier* est celui qui, face à l'incertitude de la météo, ferme ses voiles et navigue vers un port sûr. *Le deuxième* est celui qui, malgré l'incertitude, continue de naviguer, mais qui, après un certain temps, finit par fermer les voiles. *Le troisième groupe* est minoritaire. Il se maintient ferme en direction du port choisi et, malgré l'incertitude de la météo, finit par arriver à sa destination.

Question de réflexion : A quel type de bateau vous identifiez-vous ?

Dans mon exemple antérieur, nous pouvons observer que la météo est un élément que nous ne pouvons pas changer. Il faut prendre conscience qu'il y aura toujours des choses sur lesquelles nous n'aurons aucun contrôle, mais nous aurons toujours le contrôle sur nous et nos actions. Quand il pleut, nous prenons un parapluie. Quand il fait froid un manteau. Quand il fait chaud des sandales, etc. Nous n'attendons pas que chaque saison déplaisante se termine avant de nous mettre en action. Ainsi, même s'il pleut, nous allons faire des courses. Même s'il fait très froid, nous allons travailler, etc. En substance, nous nous adaptons et naviguons au milieu de chaque saison pour aller au travail, faire nos courses, etc.

C'est la même chose quand nous décidons de *vivre* au lieu de nous limiter à *exister*. Nous devrons développer notre capacité à continuer d'avancer en prenant, parfois un parapluie, d'autres fois un manteau et d'autres fois des sandales.

Question de réflexion : Êtes-vous prêt à vivre dans les différentes saisons de la vie avec votre ~~faiblesse~~ singularité, en prenant parfois un parapluie, un manteau ou des sandales ?

Les pensées de l'être humain orientées vers le passé et ses inquiétudes axées sur l'avenir font partie des principaux obstacles. Elles ralentissent ou empêchent la personne de *vivre* de manière équilibrée dans son présent. Martin Luther, le grand réformateur, disait que son calendrier ne comportait que deux jours : « aujourd'hui et ce jour-là » ! Vivre aujourd'hui en vue de « ce jour-là ».

J'ai souvent entendu « le temps soigne les blessures, le temps guéri, etc. », ou alors la célèbre phrase de début d'année : « cette année va être une bonne année » alors que l'année ne sera pas bonne si vous continuez à être le même. C'est une sorte d'espoir passif qui permet à l'individu de se sentir mieux de façon passagère.

Cependant, je considère que cette manière de penser est une très grave erreur. Le temps est un cadeau qui nous est donné chaque jour et c'est ce que nous faisons du temps qui fait la différence. En une phrase : dis-moi ce que tu fais de ton temps et je te dirai qui tu es. J'affirme que le temps ne guérit rien du tout. Si l'être humain est centré sur le passé et anxieux de l'avenir, il aura dans son présent un déséquilibre émotionnel, psychologique, mental et spirituel. Cette manière de fonctionner dérègle notre être interne. Nous devons être présents dans notre présent de manière à avoir la capacité de construire notre futur et aussi notre futur passé. Ceci exige un équilibre dans l'ensemble du monde interne de la personne. Il est possible d'y arriver uniquement quand la personne décide de *vivre* intentionnellement. Quand une personne décide de *vivre* intentionnellement avec sa ~~faiblesse~~ singularité, son temps sera son outil le plus puissant. Vivre avec votre ~~faiblesse~~ singularité vous demandera peut-être un temps de guérison, comme ce fut le cas pour Nick Vujicic. C'est justement la puissance de *vivre intentionnellement*.

Vivre intentionnellement avec votre ~~faiblesse~~ singularité implique de vous regarder vous-même et de vous aimer tel que vous êtes là où vous êtes, tout en construisant la meilleure version de vous-même, avec une mentalité de gagnant, au lieu de vous plaindre ou de vous apitoyer sur votre sort. Vous devez investir votre temps dans la recherchen des alternatives utiles, et pas des gratifications instantanées, pour naviguer au milieu d'une météo pas toujours favorable.

Vivre intentionnellement avec votre ~~faiblesse~~ singularité implique également de se responsabiliser à l'égard de qui vous êtes, d'où vous êtes dans votre processus, de vos choix, de vos attitudes. Je pourrais résumer ce développement en une seule phrase : *assumer votre personne*. Quand nous prenons la responsabilité de notre personne, nous sommes capables d'entreprendre des actions utiles. Dans certains cas, assumer sa personne peut s'avérer difficile parce que l'être humain peut ressentir de la culpabilité et face à ce malaise envers lui-même il peut se détacher émotionnellement de ses actions présentes et transférer la responsabilité de tout ce qui lui déplait sur son environnement. J'ai entendu dire : « je suis comme ça parce que c'est ce qu'on a fait de moi (personnes ou circonstances). » Face à cette affirmation, ma question est simple : aujourd'hui qu'est-ce que TOI tu veux créer de TOI ? Vous voyez que, quand nous nous responsabilisons quant à notre ~~faiblesse~~ singularité, nous pouvons placer des actions utiles. Assumer qui vous êtes, vous permet d'accepter ou pas certaines choses, certaines invitations, d'accepter de vous faire inviter ou pas par certains sans vous sentir mal à l'aise ou blessé. Vous êtes différents et nous le sommes tous.

Croyances limitantes

Les croyances limitantes s'installent dans notre cerveau pendant les six premières années de notre vie. Nos croyances, que celles-ci soient limitantes ou non, reflètent quelque part notre estime de soi. Notre vie est un reflet de notre inconscient. Il s'agit d'une espèce de manifestation tangible de nos croyances. Pour cette raison, vous devez cultiver des habitudes mentales saines. Si vos croyances vous limitent dans votre imagination de la meilleure version de vous, vos résultats seront pauvres, quelle que soit l'intensité avec laquelle vous travaillez pour atteindre votre objectif. Ils seront justement à la hauteur de vos croyances, à la hauteur de qui vous êtes mentalement.

Nous sommes ce que nous faisons de manière répétée c'est-à-dire que nous sommes ce que nous pensons de manière répétée étant donné qu'avant de mettre en œuvre toute action, cette dernière se trouve dans notre tête.

Concrètement, nos pensées dirigent notre vie (je parle de ce sujet de manière approfondie dans mon ouvrage *La puissance de la réflexion*). Si nous arrivons à contrôler nos pensées, nous arriverons à garder sous contrôle notre équilibre écologique. Les résultats remarquables ne sont **jamais** le fruit d'un hasard, c'est le fruit des personnes **qui font que** les choses arrivent.

« *Si tu vas douter de quelque chose, doute de tes croyances limitantes.* » — Don Ward

Il est important de prendre conscience que 90 % de votre vie est gouverné par l'inconscient. Croire dans des possibilités nourrit positivement votre santé mentale, car le cerveau, face aux pensées apaisantes et d'espoir, libère des substances chimiques de type *endorphines* « une hormone anti-stress » qui font partie des « neurotransmetteurs du plaisir ». Cette hormone permet à un individu de se sentir dans un état de bien-être et de plénitude, voire d'euphorie. Elle réduit l'anxiété, diminue la douleur physique et empêche de ressentir la fatigue. Tout ceci se produit naturellement quand notre cerveau bénéficie de la pratique de la pensée positive.

« *Si vous voulez connaître le bonheur, fixez-vous un objectif qui commandera vos pensées, libérera votre énergie et inspirera vos espoirs.* » — Andrew Carnegie

Mon mentor John C. Maxwell nous enseigne que si vous voulez faire le voyage de votre vie avec intentionnalité, vous allez avoir besoin de détermination pour vous pousser à continuer, de créativité pour surmonter les obstacles, et d'autres pour vous aider à porter votre « fardeau ».

Ce que, selon nous, nous pouvons ou pas faire, ce que nous considérons comme possible ou impossible, en général n'est pas un reflet de notre capacité, mais un reflet de nos croyances sur qui nous sommes. Votre vie est un reflet de votre inconscient et votre inconscient comporte vos croyances. Une croyance est une pensée qui, pour la personne propriétaire de cette croyance, représente la vérité, même si c'est faux. Pour le dire de manière plus simple, une pensée est une idée qui dirige ou contrôle notre cerveau. Si vous prêtez attention à vous, vous remarquerez que votre partie *inconsciente* ne discute jamais, mais qu'elle accepte de manière inconditionnelle ce que la partie consciente lui impose.

Nous devenons ce que nous croyons !

Analysez vos croyances. Vos croyances ont un impact. Il ne s'agit pas uniquement de vous, mais aussi de votre entourage. Vos croyances vous limitent, mais aussi ceux qui croient en vous, ceux qui s'appuient en vous, ceux qui vous font confiance. Vos croyances impactent votre entourage, vos objectifs de famille, de couple, l'avenir de votre descendance.

N'empêche pas les autres de devenir des aigles seulement parce que tu crois que tout ce que tu peux être est un oisillon. Tes attitudes et tes croyances impactent ceux avec qui tu vis, en les tirant vers le haut ou vers le bas. La meilleure attitude à adopter et à cultiver est une attitude d'amélioration constante.

Nous ne devons pas accepter que qui que ce soit décide des limites de notre potentiel ou nous dise jusqu'où nous pouvons aller.

Dans la plupart des cas, c'est cette acceptation qui explique notre situation actuelle.

Singularité et relations saines

Comme je l'ai mentionné précédemment, il y aura toujours un groupe de personnes qui rejettera nos valeurs, nos croyances, notre singularité. Dans le relationnel, il existe différents degrés de proximité et d'intimité. Une relation, quelle qu'elle soit, ne doit pas être seulement supportable, mais elle doit être saine. Si, pour diverses raisons, une relation n'est pas saine, vous devez prendre du recul et, dans certains cas, couper complètement celle-ci. Vivre dans le conflit relationnel est préjudiciable pour la santé. Cependant, de manière générale, nous pouvons avoir un relationnel cordial et sain dans nos différentes interactions avec autrui. Nous avons tous besoin des relations. En 2017, il y a eu des études et des recherches qui lient la solitude à la maladie d'Alzheimer et à d'autres démences. Certes, parfois, nous avons besoin d'être seuls, mais, dans ce contexte, je parle de la solitude comme manière de vivre. La science a prouvé que la solitude peut être toxique. Statistiquement, les personnes qui vivent dans la solitude sont moins heureuses, sont susceptibles d'avoir une santé dégradée pendant la vieillesse, voient leurs fonctions cérébrales diminuer rapidement et décèdent plutôt.

Nous avons tous besoin d'un relationnel qualitatif, riche et sain. Personnellement, j'ai ce bonheur et privilège au sein de mon foyer avec David, mon mari, et mes quatre enfants. Depuis toujours, nous avons tissé des relations saines que nous développons et entretenons quotidiennement. La qualité de ce travail relationnel nous est confirmée par les résultats, et les résultats, comme je l'ai mentionné, ne mentent pas. Mon cœur se remplit instantanément de gratitude dès que je pense à mes cinq merveilleux amours et que je parle d'eux.

[6]Robert Waldinger, psychiatre responsable de la meilleure étude sur le bonheur, s'est lancé dans une expérience à long terme à travers laquelle il a étudié la vie de 724 hommes divisés en deux groupes. *Le premier* groupe aisé est constitué d'élèves de l'Université de Harvard. *Le deuxième* groupe est formé des garçons les plus marginaux de Boston. Les participants ont été suivis pendant toute leur vie dans leurs différentes sphères : familiale, professionnelle, physiologique, etc. L'étude a également suivi les enfants qu'ils ont eus. Les résultats obtenus par ce travail de recherche concernaient les relations humaines. Les participants ayant des relations enrichissantes, qualitatives et saines ont vécu plus longtemps que ceux n'ayant pas ce type de relations.

Un des éléments les plus puissants extraits de cette recherche est que les connexions sociales nous sont bénéfiques et que la solitude tue. Notamment, les participants isolés montraient une défaillance dans leur hippocampe, la zone de la mémoire du cerveau. Les participants, qui se sentaient satisfaits à cinquante ans, arrivaient plus sainement aux quatre-vingts ans. Ce résultat était le même pour le groupe aisé et le groupe marginal.

Les relations *riches*, *qualitatives* et *saines* protègent le corps et aussi le cerveau. Le relationnel est un besoin de l'être humain dans sa santé psychique et physique. C'est pourquoi nous devons être intentionnels et bien choisir les personnes avec qui nous passons notre temps. Ce qui est intéressant c'est que la vie de la plupart de personnes est un reflet de leurs pairs.

« *Nous sommes la moyenne des 5 personnes que nous côtoyons le plus* » — Jim Rohn.

Nous sommes le fruit des personnes que nous côtoyons régulièrement, tout simplement, car, ce que nous sommes, nous l'apprenons des autres parce que le modèle de l'homme c'est l'homme ! Que nous le voulions ou pas, les personnes qui nous entourent ont un impact dans notre vie. Nos croyances construisent nos réalités et ces croyances viennent des personnes qui nous entourent, de l'environnement dans lequel nous vivons. C'est au milieu des autres que nous entendons le possible comme l'impossible et ceci pénètre notre inconscient, notre esprit pour devenir une réalité dans notre monde interne. C'est au milieu des autres que nous voyons des choses et, après les avoir vues, ces choses deviennent une réalité pour nous. Nous ne pouvons expliquer, uniquement, qu'une partie de l'esprit humain, mais une fois qu'il a accepté une nouvelle idée, il est transformé pour toujours. Une fois qu'il a été élargi, il adopte une nouvelle forme et ne retrouve jamais sa forme initiale. En fait, même si nous n'en sommes pas conscients, nous sommes influencés automatiquement par les personnes avec qui nous passons régulièrement notre temps. Les énergies et les habitudes des autres nous atteignent.

Si tu veux réussir, entoure-toi des meilleurs ! Si tu veux être sain psychiquement et physiquement, entoure-toi de personnes saines !

Comme vous pouvez le constater, l'impact que les relations ont sur l'être humain est prouvé par la science et constaté par l'expérience. J'insiste toujours sur l'importance de bien choisir les personnes avec qui nous passons régulièrement notre temps parce que, que vous le vouliez ou pas, une grande partie de votre santé psychique et physique en dépend. À une occasion, j'ai rendu visite à une personne dans sa maison. Je suis rentrée malade. J'ai eu besoin de quelques jours pour me remettre de vomissements sévères. Son énergie était tellement négative, ses conversations tellement vides, sans vision, et remplies de négativisme que cela a eu un impact en moi.

J'ai dû arrêter de voir cette personne. J'ai dû m'éloigner.

 Questions de réflexion :

1. De qui avez-vous appris à voir les choses négativement ?

2. De qui tenez-vous la croyance que les rêves sont pour les « autres » ?

3. De quel entourage tenez-vous la croyance que tout ce que vous pouvez être est un oisillon ?

Votre entourage détermine la personne que vous devenez. Veillez sur vos fréquentations. Tous ceux que vous rencontrez ne sont pas censés avoir une place dans votre vie. Ce principe s'applique aux relations familiales comme à celles qui ne le sont pas.

Les faits sont incontestables : « dis-moi avec qui tu traines et je te dirais ce que tu deviens ». Il est impossible d'avoir une relation régulière avec une personne qui n'est pas alignée avec qui vous êtes, avec votre essence. Deux personnes ne peuvent pas marcher ensemble si elles ne sont pas d'accord. Regardez donc qui est autour de vous régulièrement parce qu'ils correspondent à ce que vous êtes en train de devenir. À une occasion, j'ai rencontré une fratrie. Ils étaient trois. Il y en avait deux qui étaient sans vision ni essence saine. Tous les deux vivaient de tout ce qu'ils pouvaient extraire de leur environnement : aides de l'État, escroquerie, abus de confiance, mensonges, etc. Le troisième était une personne de réussite dans sa vie personnelle comme dans sa vie professionnelle : auteur à succès, entrepreneur international, disposant de revenus très confortables, intègre, avec une famille exemplaire. Ce dernier brillait dans tous les domaines. Il avait payé le prix pour devenir chaque jour la meilleure version de lui-même.

He bien, les deux premiers ne s'entendaient pas du tout avec le troisième. Il y avait une séparation totale, comme si les deux premiers haïssaient le troisième. Je crois que nous pouvons imaginer pourquoi.

Regardez attentivement avec qui vous passez régulièrement du temps, parce que, dans une certaine mesure, vous suivez la même route de vie que votre environnement. Voulez-vous être une personne de réussite ? Alors, entourez-vous de personnes de réussite.

Voulez-vous être la meilleure version de vous-même ? Entourez-vous de personnes qui deviennent la meilleure version d'elles-mêmes. Finalement, nous attirons ceux qui nous ressemblent.

 Question de réflexion :

Quelles sont les personnes que vous côtoyez régulièrement ?

Cette question est importante, car vous devrez vivre avec vous toute votre vie.

Transition et processus dans le temps, les saisons et le cycle

Nous sommes dans un chapitre invitant à vivre (pas d'exister) avec sa singularité. Tout comme le cycle de l'eau, notre existence sur Terre est cyclique. Ainsi, nous traversons des périodes qui nous font nous déplacer vers quelque chose de nouveau. Durant notre passage sur la Terre, notre vie est un cycle de transitions et de processus jusqu'à notre mort. Les vies des hommes, des animaux, de l'univers sont divisées en temps et saisons qui forment leurs cycles. J'appelle cet ensemble : *la règle des trois* (temps, saisons, cycle). La règle de la nature et de l'univers permet aux choses d'exister et de coexister. Tout ce qui se passe dans la biologie de l'être humain s'effectue dans un temps précis, c'est *la règle des trois*. Que nous le voulions ou pas, que nous le croyions ou pas, que cela nous plaise ou pas, c'est ainsi.

Pour que vous puissiez atteindre votre potentiel maximal et réellement vivre ce pour quoi vous êtes sur Terre en exploitant toute votre singularité, vous devez prendre conscience que vous avez un temps précis pour faire les choses, et que, le temps, comme la saison, ne doit pas vous glisser entre les mains et vous échapper. Il est certain qu'il y a une partie de notre vie qui est « tracée » ou planifiée sans que nous puissions faire quoi que ce soit, par exemple nos origines, notre famille et certaines choses qui peuvent se passer pendant notre enfance. Mais il y a également une autre partie de notre vie à construire intentionnellement.

Le temps est précieux et non cumulable. Ce que vous n'avez pas fait avec vos minutes est perdu. Le temps est précieux. Mais, parfois, il arrive que les personnes prennent ce qui est précieux comme acquis et ordinaire et, par suite, qu'elles n'identifient plus le temps dans lequel elles se trouvent. Les individus n'arrivent pas à reconnaître le temps dans lequel ils se trouvent. Il est très grave de ne pas reconnaître et savoir identifier son temps. Le temps est un moment spécial dans lequel il y a des choses qui doivent se passer parce que c'est la règle qui dirige l'univers qui l'impose. Des choses déterminées se passent dans « un temps ». Par exemple, la grossesse ne durera pas plus de 9 mois, et, si vous dépassez la période et que le bébé ne sort pas, la médecine devra intervenir pour le faire sortir. La grossesse est un processus de temps qui est complet au bout de neuf mois maximum. Le même principe s'applique à la puberté, à la ménopause.

La saison est une période de grâce exclusive. Le temps fonctionne par heure, c'est chronologique, alors que la saison n'a pas d'horloge. La saison n'a pas de « chronos ».

La saison est une période dans le temps dont nous ne connaissons ni le commencement ni la fin. Tout ce que nous devons faire est d'en profiter, en portant le bon manteau afin de traverser le mieux possible la saison ou le « sort » que nous devons vivre. Il s'agit d'une période pour réaliser une œuvre déterminée, par exemple les études. Si vous n'avez pas fait vos études dans la saison qui y correspond, les faire après sera difficile, car vous serez en dehors de la saison faite pour cela. Bien entendu, il est possible d'y arriver, mais ce sera difficile. En effet, vous devrez gérer votre saison et la saison qui ne rentre plus dans le temps de votre saison actuelle. Tout ce qui se fait en dehors de sa saison est difficile.

Le cycle est une période moyennement longue complétée par des étapes de développement, d'apprentissage et de jugement.

Si vous observez attentivement, vous verrez que la vie de l'être humain se divise en deux moitiés. Il existe une première moitié pour semer et une seconde moitié pour récolter. Encore une fois, nous sommes face à *la règle des trois*. Durant la première moitié, vous allez semer, et durant la seconde moitié, vous allez récolter. Si vous n'avez pas conscience des notions de temps, saison et cycle, la récolte sera un moment difficile. Quoi qu'il en soit, vous récolterez.

Il faut comprendre que marcher vers une nouvelle transition annonce un nouveau processus. Une transition signifie passer d'un état à un autre. Tout processus annonce une nouvelle transition, processus — transition, processus — transition, processus — transition, et ainsi le cycle recommence.

Chaque chose a son temps et sa saison et nous devons apprendre à les identifier pour exploiter au maximum ce que nous avons entre nos mains dans chaque espace du temps. Dans ma vie, les personnes autour de moi ne comprennent pas que je consacre autant de temps et d'investissement à la vie de mes enfants et de mon foyer, mais je sais identifier mon temps et ma saison et je sème intentionnellement. Je suis remplie de gratitude en voyant ce qui se passe quand nous semons intentionnellement.

Mes enfants traverseront l'enfance seulement une fois (mon temps dans *la règle des trois*), je suis une maman avec quatre enfants encore petits (ma saison dans *la règle des trois*). D'ailleurs, un cycle de ma vie de maman se fermera prochainement pour laisser de la place à une nouvelle transition qui m'amènera mon foyer et moi vers un nouveau processus. Je vous ai expliqué que le cycle est une période moyennement longue que complètent des étapes de *développement,* d'*apprentissage* et de *jugement.* À l'heure où j'écris ce manuscrit, mes enfants sont instruits à la maison. Ils ne sont jamais allés dans l'école traditionnelle.

Ils ont 7, 8, 9, et 11 ans et, à partir de septembre 2024, ils iront à l'école primaire et au collège. Nous préparons tout pour ce nouveau cycle. La préparation a une place importante dans nos vies. Je vous parlerai de la planification plus tard. Nous avons choisi avec un grand soin l'école et le collège. Nous continuons les préparatifs, pas seulement logistiques, mais aussi sur le plan psychique. J'ai la conviction qu'un enfant doit rentrer dans le monde scolaire avec des outils pour naviguer le mieux possible et ceci exige quelques années de préparation.

C'est ce que nous avons fait. Comme vous pouvez le constater, en septembre 2024, un cycle de ma vie se fermera et un nouveau s'ouvrira. À travers ce cycle, nous nous sommes développés et nous avons appris. Nous sommes reconnaissants et remplis de gratitude pour le résultat obtenu. Si c'était à refaire, nous le referions. Durant ce cycle, nous avons reçu des critiques, de mauvais regards, et nous n'avons bénéficié d'aucun soutien. Je suis très fière de tout ce que nous avons fait à six dans ce cycle dans un équilibre psychique et physique harmonieux. Nous avons vécu et exploité notre cycle avec toute notre singularité.

Comme vous pouvez le constater, il y a des choses contrôlables et d'autres qui ne le sont pas. Nous ne pouvons pas contrôler le temps « chronos », donc nous devons apprendre à l'identifier pour mieux le gérer. Nous devons également distinguer les saisons afin de mieux en profiter. Enfin, nous devons discerner les cycles pour pouvoir nous préparer et planifier intentionnellement le nouveau cycle qui portera en lui un temps spécial qui me sera offert pour faire des choses bien spécifiques, et une saison qui portera en elle une grâce exclusive qui me sera offerte pour en profiter au maximum. Tout ceci se prépare intentionnellement. Rappelez-vous que la deuxième moitié de votre vie sera consacrée à la récolte.

La planification

Nous sommes, une nouvelle fois, face aux règles de l'univers, car, que vous le vouliez ou pas, que vous soyez intentionnel ou pas, conscient ou pas, vous êtes toujours en train de planifier. En fait, vous passez votre vie à planifier.

Il y a deux groupes de personnes : ceux qui préparent les choses consciemment et ceux qui préparent les choses inconsciemment. Ces deux groupes préparent et planifient, mais pas depuis le même état d'esprit, pas depuis le même niveau de conscience. La règle de l'univers est simple : si vous ne planifiez pas intentionnellement, vous êtes en train de planifier soigneusement votre échec. La vie de chacun est importante et les choses importantes méritent une planification en conséquence, avec une stratégie de développement. Si vous voulez réussir un examen, vous planifiez la réussite à celui-ci. L'arrivée d'un enfant se prépare, etc. Planifier notre avenir dans le temps et dans la saison qui nous sont offerts durant notre cycle signifie amener notre futur imaginaire dans notre présent.

Un présent dans lequel nous allons devoir créer un plan d'action qui vise à réussir.

Définition de planifier : venant du latin planus signifiant plan, plat, uni. La planification est l'action de planifier, c'est-à-dire d'organiser dans le temps une succession d'actions ou d'évènements afin de réaliser un objectif particulier ou un projet.

L'être humain est *passé*, *présent* et *futur*, et les trois sont interdépendants. J'aborderai ce sujet depuis une perspective biblique, donc sentez-vous libre de le sauter et de passer directement au chapitre sept.

Prêtez attention. Je vais expliquer cette réalité avec ma propre histoire. Pendant que vous la lisez, essayez d'identifier ces trois éléments interdépendants qui font de l'être humain ce qu'il est. J'ai été élevée par une mère célibataire et j'ai vécu dans l'instabilité dans tous les domaines. Depuis toute petite, ma manière de vivre ne me convenait pas et, inspirée par la série télévisée *7 à la maison*, j'ai créé dans mon imagination la famille que je rêvais d'avoir. Ainsi, depuis toute petite, j'avais créé mon projet familial. Ce projet ne pouvait être mené à bien qu'avec mon mari. J'avais imaginé tous les détails et j'avais dressé une liste. J'ai été très intentionnelle dans sa réalisation. La seule chose que je n'avais pas imaginée était que mon mari fût français et que j'allasse habiter en France. Tout ceci était mon *passé*, ce passé était mon *présent* qui se déroule au Nicaragua, mon pays d'origine qui fait partie des 30 % de pays les plus pauvres du monde.

Dans ce *présent* instable, mon avenir était dans le brouillard, mais j'avais ce grand rêve d'avoir une famille pas ordinaire, mais une famille en accord avec le cœur de Dieu et guidée par son Saint-Esprit. À l'âge de 15 ans, ce rêve s'est renforcé davantage quand j'ai rencontré le Pasteur Roberto Sarria et son aimante épouse. Leurs trois enfants étaient petits à cette époque. Cette famille, qui était et qui est encore exemplaire, est devenue mon modèle et mon inspiration. Ils ne sont pas une famille ordinaire, mais une famille en accord avec le cœur de Dieu, et c'est justement ça qui fait la différence. Mais comment osais-je rêver à quelque chose de si grand alors que mon *présent* me rappelait l'incertitude de ma vie présente et future ?

Comme vous le savez, je suis une femme de foi, et j'ai cru à toutes les promesses que Dieu m'a faites à travers La Bible. Dans ce *présent,* qui aujourd'hui est mon *passé*, j'ai cru dans les promesses de Dieu pour ma vie. Actuellement, dans ce domaine, je vis dans mon *futur*. Aujourd'hui, dans le domaine familial, je ne vis pas dans mon *présent* mais dans mon *futur.* Mais ce *futur* dans lequel je vis aujourd'hui m'a été donné par mon Père céleste dans le *présent* incertain qui aujourd'hui est mon *passé*.

Selon La Bible, ce mode opératoire divin est disponible pour nous tous. Il y a plusieurs exemples dans la Bible, mais je vais en développer uniquement deux.

Exemple de Abram/Abraham : Quand Abram reçoit la promesse d'avoir une descendance, cette promesse lui est donnée dans son présent incertain, dans un présent dans lequel cette promesse semblait impossible compte tenu de la situation d'Abram.

« Je rendrai ta postérité comme la poussière de la terre, en sorte que, si quelqu'un peut compter la poussière de la terre, ta postérité aussi sera comptée. » Genèse 13 : 16 ; Genèse 15 : 5 ; Genèse 22 : 17.

Si vous analysez le texte de la Genèse, Dieu donne cette promesse à Abram dans son hier, dans son *passé* incertain, mais Dieu l'accomplit dans Abraham.

Il ne peut pas y avoir Abraham qui nous inspire tant sans Abram parce que nous avons tous besoin d'un processus avant que la promesse s'accomplisse. Rappelez-vous que la réussite n'est pas une acquisition, mais la personne que l'on devient au cours du processus, c'est biblique.

« On ne t'appellera plus Abram ; mais ton nom sera Abraham, car je te rends père d'une multitude de nations. » Genèse 17 : 5 ; Romains 4:17-18.

Tout ce que Dieu nous promet, il nous le promet dans notre version d'hier quand nous croyions que nous ne pouvions pas devenir ce que nous sommes aujourd'hui.

Exemple de Simon/Pierre : Jésus marchait le long de la mer, et Il appelait Simon : « Simon ! »

Dieu appelle Simon et lui fait une promesse, mais la promesse s'accomplit en Pierre. Pour que cette promesse s'accomplisse, Simon devait passer par un processus, un processus dans lequel Simon était dans son *présent* où il n'était personne, il n'était rien. Il était dans son processus qui le ferait devenir Pierre. Dieu n'a pas parlé à Pierre, mais à Simon.

Dieu devait d'abord parler au *passé* de Pierre pour amener Pierre au *présent*, pour le faire entrer dans son processus et terminer celui-ci dans le *futur*. C'est à Simon, l'homme rempli d'insécurité, que Jésus a parlé en premier.

« *Un jour qu'il marchait au bord du lac de Galilée, il vit deux frères : Simon et André, son frère, qui lançaient un filet dans le lac, car ils étaient pêcheurs. Il leur dit : Suivez-moi et je ferai de vous des pêcheurs d'hommes.* »
Mathieu 4 : 18-19

Le cycle de l'homme est *présent*, *passé* et *futur*. Pierre n'aurait pas pu être la meilleure version de lui-même sans le processus qu'a dû débuter Simon.

Il y a une transition entre le *passé* et le *présent*. Dans le *présent*, nous sommes uniquement le processus de notre *futur*. Le *présent* est synonyme de processus. Dans le *présent*, nous avons tendance à croire que rien ne se passe. La réalité est que tout est en train de se passer pendant ce processus *présent*.

C'est à ta pire version de toi-même que Dieu donne une promesse. La promesse qui, aujourd'hui, s'accomplit, Dieu te l'a donnée hier.

Dieu parle à Abram d'Abraham, à Simon de Pierre, à Saule de Paul, à Jacob d'Israël.

Dans ton processus, le seul qui peut croire c'est toi parce que, dans le processus, nous ne sommes rien.

Toutes ces magnifiques promesses sont disponibles pour toi et moi de nos jours. Le Seigneur est le même hier, aujourd'hui et demain :

« *Car Je suis l'Éternel, Je ne change pas...* »
Malachie 3 : 6

« *L'herbe sèche et la fleur tombe ; mais la Parole de notre Dieu subsiste éternellement* ».
Esaïe 40 : 8

« *Ne vous conformez pas au siècle présent, mais soyez transformés par le renouvellement de l'intelligence, afin que vous discerniez quelle est la volonté de Dieu, ce qui est bon, agréable et parfait* ».
Romains 12 : 2

> « *Il est semblable à un homme qui, bâtissant une maison, a creusé, creusé profondément, et a posé le fondement sur le roc. Une inondation est venue, et le torrent s'est jeté contre cette maison, sans pouvoir l'ébranler, parce qu'elle était bien bâtie.* »
> Luc 6 : 48

Il n'y a pas de promesse sans relation et il n'y a pas de relation sans compromis. Marcher avec Jésus n'est pas une histoire de « religion », mais de relation. Si tu veux avoir une relation personnelle avec le Saint-Esprit et que tu n'as jamais demandé à Christ de venir dans ton cœur, c'est le moment. Dis « Jésus, je confesse que je suis un pécheur. Je crois que Tu es le Fils de Dieu et que Tu as versé Ton précieux sang sur la croix pour moi. Pardonne mon péché. Purifie mon cœur de toute injustice. Je te remercie de m'avoir sauvé maintenant. Amen »

Dans le prochain chapitre, je vais parler de réussite. Il peut sembler incohérent de dire que nous pouvons réussir avec cette singularité, parfois tant rejetée et incomprise, qui peut même toucher à l'image de soi, l'estime de soi et la confiance en soi, mais gardez en tête que vous êtes dans un cycle de *passé*, *présent* et *futur*.

7

Réussis avec ta ~~faiblesse~~ singularité

« *Rêvez grand, commencez petit, agissez maintenant.* »

— Robin Sharma

Comme nous l'avons dit précédemment, exister c'est une chose, vivre c'est une autre chose. Si vous avez choisi de vivre, vous devez être intentionnel, vous appuyer sur ce que vous avez entre vos mains, dont votre ~~faiblesse~~ singularité, apprendre et désapprendre. Parfois, c'est ce que nous pensons et connaissons qui nous empêche de croître. Nous devons donc être ouverts à *désapprendre* pour faire place au véritable apprentissage. Comme disait Goethe : fais attention avec ce que tu apprends parce que tu ne l'oublieras pas.

Il est vrai qu'une fois qu'une idée ou découverte est entrée en nous, nous ne revenons plus à notre état d'origine.

« *La difficulté n'est pas de comprendre les idées nouvelles, mais d'échapper aux idées anciennes.* »
— John Maynard Keynes

Soyez certain que votre ~~faiblesse~~ singularité est l'un de vos points forts, parce que c'est le cas. Votre ~~faiblesse~~ singularité vous rend unique. Quand vous prenez conscience de cela, votre ~~faiblesse~~ singularité devient votre force. Pour pouvoir réussir, vous devez être prêt au changement parce qu'il vous sera difficile de vous appuyer sur votre singularité à l'état brut. Comme je l'ai expliqué, réussir n'est pas une acquisition, mais le résultat de qui on devient. Par suite, pour réussir, vous devez trouver la manière d'investir en vous afin de croître. Je parle d'un investissement réel qui vous aidera à façonner qui vous êtes avec l'objectif d'avancer sur le bon chemin, le chemin qui vous rapproche de la vie que vous souhaitez avoir et de la personne que vous souhaitez être. S'acharner à acquérir un objet, ce n'est pas de l'avancement. S'acharner à devenir quelqu'un que vous n'êtes pas, ce n'est pas de l'avancement. S'acharner à développer une compétence qui n'est pas alignée avec votre véritable talent, ce n'est pas de l'avancement.

Pour avancer sur le chemin de votre réussite, vous devez tout aligner dans une seule direction : vos lectures, vos écrans, vos sorties, vos fréquentations. Finalement, dans votre quotidien, c'est quelque chose que vous faites déjà dans certains domaines. Par exemple, en ce qui concerne la météo, vous vous alignez avec le temps qu'il fait dehors.

Ainsi, quand il fait froid, vous vous équipez en conséquence. Vous êtes aligné avec la météo. C'est la même chose avec vos habitudes quotidiennes, vous devez les aligner dans une seule direction : vers la destination de vos rêves. Cependant, prenez en compte que d'un point à l'autre il y a un voyage, et vous devez éprouver du plaisir pendant le voyage. C'est comme quand vous partez en vacances. Vous êtes heureux de votre destination et avez hâte d'y être. Cependant, durant toute votre route, généralement, vous profitez des paysages, des nuages si vous prenez l'avion, etc. Vous éprouvez du plaisir à faire ce voyage, car tout est aligné vers la destination de vacances que vous avez choisie. Vous en profitez malgré les désagréments et imprévus éventuels que vous pouvez rencontrer en chemin.

Lors de nos vacances d'été en 2023, nous avions prévu, avec nos quatre enfants, d'effectuer un itinéraire de découvertes ambitieux dans notre voiture immense, bien entretenue et en parfait état. Nous l'avions achetée neuve et nous n'avions jamais eu un seul problème avec elle.

Notre itinéraire était : Genève, Venise, Pise, Florence, Les cinq Terres, Rome. Nous étions tous très contents. Les enfants étaient surexcités à l'idée de visiter des villes qu'ils connaissaient à travers leurs lectures. Nous quittâmes la maison et, après avoir parcouru environ 80 kilomètres, un voyant de la voiture s'alluma pour nous informer qu'elle se mettrait automatiquement à l'arrêt dans 1000 kilomètres. Nous étions tristes parce que nous avions compris que notre voyage n'allait pas pouvoir se dérouler comme nous l'avions planifié. La voiture devait être amenée au garage pour être réparée. Mes enfants, dont je suis très fière, ont exprimé une résilience et une maturité remarquables. Nous avons pris ensemble les décisions et, malgré la déception, nous avons continué de profiter au maximum de notre nouvel itinéraire imposé. Finalement, nous sommes allés en Suisse, nous avons fait tout le tour du lac Léman, visité Genève et plusieurs autres villes suisses. C'était magnifique. Ensuite, nous sommes rentrés à la maison pour faire réparer la voiture et, une fois celle-ci réparée, nous sommes repartis pour l'Italie et avons visité Venise, Pise, Les cinq Terres, Rome, Florence. Nous avons ensuite pris la route pour le Portugal où nous avons visité Porto et Lisbonne, bien entendu, et plusieurs autres villes.

Au départ, nous avions prévu de passer rapidement par Genève pour ensuite partir en Italie. Mais, finalement, nous avons utilisé l'imprévu sur notre route pour améliorer notre itinéraire. C'est justement ça *éprouver du plaisir pendant le voyage vers votre destination.* (La photo de couverture de cet ouvrage a justement été prise lors de ce voyage.)

Koichi Tanaka, prix Nobel de chimie, explique qu'il a essuyé échec sur échec pendant des mois avant de parvenir à créer un ion. Il précise qu'il n'avait pas arrêté de poursuivre l'expérience parce qu'elle lui plaisait. Il dit : « J'éprouvais du plaisir à découvrir quelque chose que j'avais toujours ignoré antérieurement ».

Pendant le chemin de votre vie avec la mentalité de réussite, vous allez découvrir beaucoup de choses. Mais surtout, vous allez vous découvrir vous-même. Vous allez découvrir tout ce que vous pouvez faire avec votre ~~faiblesse~~ singularité. Il ne s'agit pas de vous encourager à travailler en vain en vue de développer des compétences ou des talents pour lesquels vous n'êtes pas doué. Ce serait une erreur. Il s'agit de découvrir vos forces et de les développer sans ignorer vos ~~faiblesses~~ singularités, qui vous êtes. Vos faiblesses font également partie de vous. Si elles sont en vous, il y a une raison. Si elles sont en vous, ce n'est ni pour vous plaindre ni pour vous apitoyer sur votre sort. Elles vous caractérisent et peuvent être utilisées à votre avantage. Ne perdez pas votre temps à changer ou transformer une de vos caractéristiques alors que sur une échelle de 0 à 10 elle se trouve à 6 ou moins. Par exemple, concernant la tour de Pise, les Italiens ont exploité l'« erreur » dans les fondations de sa structure, ont exploité cette ~~faiblesse~~ singularité afin d'en faire un des monuments les plus célèbres et visités au monde. Ils ne pourront pas redresser totalement ce monument. Ils ont fait de la singularité qui la caractérise sa plus grande force ! Vous pouvez faire la même chose. Consacrez du temps, de l'énergie, de l'argent à développer vos forces. Celles qui sont présentes en vous.

À l'heure actuelle, elles sont développées partiellement ou sont à l'état brut. Concernant les faiblesses, faites de celles-ci vos forces ! C'était ça la formule de la réussite de la tour de Pise.

Votre manière d'agir dépend de votre manière de penser. Ce chapitre s'intitule « Réussis avec ta ~~faiblesse~~ singularité ». Dans ce contexte, le conformisme n'a pas sa place, car il impliquerait de renoncer à une partie de qui vous êtes. C'est un choix qui vous éloignerait de votre réussite, celle-ci caractérisant le fait de vivre, et de se sentir dans notre état désiré. Nos imperfections et nos erreurs ne doivent pas nous empêcher d'être un exemple de vie caractérisée par la cohérence entre nos actions et nos valeurs. Quand nous poussons nos limites, nos capacités s'élargissent en ouvrant des portes sur un monde rempli d'opportunités. Je dis bien *pousser les limites*, pas sortir de ses limites. J'aimerais expliquer cela. J'encourage toujours les personnes à sortir de leur zone de confort. Je considère qu'agir ainsi est une bonne chose pour le développement de l'être humain. Mais il s'agit de sortir de votre zone de confort tout en restant vous-même. Par exemple, pour un poisson dans un aquarium, le sortir de sa zone de confort serait de l'introduire dans un lac. Si vous le sortez de son aquarium pour le mettre sur une table, il va mourir, mais, si vous le mettez dans un lac, il va nager sans limites. Il restera un poisson, mais dans un monde sans limites. C'est de ça qu'il s'agit.

Illustration du père de John C. Maxwell : [7]un vieil homme voit un garçon pêcher et va voir comment il s'en sort. Le garçon a déjà attrapé trois petits poissons, mais tandis que l'homme s'approche, il ferre un énorme bar.

« C'est un morceau ! » dit le vieil homme tandis que le garçon décroche le poisson. Mais ce dernier remet alors le poisson à l'eau.

« Qu'est-ce que tu fais ? » crie l'homme. « Il était énorme ! » — « Oui » répond le garçon, « mais ma poêle ne mesure que 22 cm ».

Notre façon de penser peut vraiment nous limiter et nous empêcher de réussir pleinement. Parfois, les personnes existent juste dans l'attente que l'opportunité de leur vie arrive. Mais ce n'est pas comme ça que la réelle réussite fonctionne. À la sortie de l'université, vous ne gagnerez pas 10 000 euros et vous ne serez pas président ou vice-président ou directeur de quoi que ce soit. Vous devrez réussir avec votre effort. Vous allez devoir prouver au marché de l'économie et de l'industrie que vous êtes bon dans votre domaine. Les titres et diplômes de vos différentes compétences élargiront le champ de vos opportunités, mais, en aucun cas, ne vous amèneront à LA réussite que vous aimeriez ou attendez tant. La vie n'est pas juste, elle est telle qu'elle est. Toutes les occasions sont bonnes pour nous rajouter des connaissances et de l'expérience. Nous devrons prendre des décisions sans avoir toujours toutes les informations dont nous avons besoin. Je considère que la pire chose que puisse faire l'être humain est de se résigner. Au moment où vous avez pris la décision de vous résigner, vous avez stoppé toutes les opportunités que vous auriez pu créer et saisir pour réussir avec votre ~~faiblesse~~ singularité. Parfois, vous devrez vous appuyer sur votre intuition, ce qui peut s'avérer être un véritable défi pour les personnes très analytiques, car l'intuition vous dit « quoi faire », mais elle ne vous dit pas « pourquoi le faire ».

Comme le disait Gandhi : « Le monde exige des résultats. Ne raconte pas ton accouchement, montre le bébé. »

Dit d'une autre manière, arrête ton bla-bla-bla et montre les résultats de tes actions !

Pour réussir avec ta ~~faiblesse~~ singularité, il va falloir te mettre en action. Je le répète souvent. Commencez maintenant là où vous êtes avec ce que vous avez.

  Commencez par des actions basées sur des valeurs qui guideront votre vie, vos décisions, vos projets, votre avancement et commencez votre chemin vers la réussite avec ce qui se trouve entre vos mains aujourd'hui.

Il y a une croyance dans la société actuelle. Je considère qu'il faut avoir la foi pour croire dans une telle chose. La plupart des gens pensent que les personnes obtenant des résultats « exceptionnels », que beaucoup aimeraient avoir, sont des personnes « chanceuses », dotées de talents innés, ou des « privilégiés ».

Je crois qu'il est temps de sortir de la mentalité de la poêle de 22 cm pour élargir vos possibilités, car elles ne sont pas figées. Il est temps d'arrêter de vous contenter de gérer ce que vous avez et de commencer à consacrer votre temps et vos efforts à le développer. Il est vrai qu'il n'y a pas de croissance sans une certaine souffrance. Pour pouvoir développer ce que vous avez, vous devrez, dans une certaine mesure, renoncer à certaines habitudes, certaines fréquentations, pour adopter de nouvelles habitudes et de nouvelles fréquentations. Développer ce que vous avez en vous contribue remarquablement à votre santé mentale. Notre monde interne a besoin d'objectifs à atteindre et de projets à réaliser.

À défaut, il aura constamment besoin de « gratifications instantanées » qui vous installeront progressivement au sein d'un univers addictif en recherche permanente de stimulus artificiels et superficiels. Quand vous ne pourrez pas nourrir votre addiction, quelle qu'elle soit (les écrans, la télévision, acheteur émotionnel, etc.), vous tomberez dans un moment de « post-tension ». Ce genre de moment arrive quand nous avons été soumis à une période de sollicitation intense qui s'interrompt soudainement, peu importe les raisons de cet arrêt. Par exemple, vous vous trouvez d'un jour à l'autre au chômage, vous avez une longue panne de connexion internet qui vous empêche d'aller sur les écrans, sur la télé, ou vous vivez une séparation (un divorce, un enfant part faire ses études, etc.). Votre psychisme et votre physique se trouvent alors en pause « forcée ». Ces moments de pause « forcée » sont les plus importants de notre trajectoire psychologique, car ils peuvent être à l'origine d'un déséquilibre mental. En effet, ces moments de pause « forcée » conduiront vos pensées vers des domaines, des évènements, récents et plus anciens, inhabituels, et la manière selon laquelle votre corps réagira aux sentiments occasionnés par ces champs de pensée nouveaux vous fera savoir si vous avez des objectifs à atteindre et des projets à réaliser.

Le plus important dans la réussite avec votre ~~faiblesse~~ singularité est, premièrement, d'être le plus clair possible dans ce que vous voulez. La question principale à se poser est : quel est le sens de ma vie, le but de ma vie ? Deuxièmement, toutes les activités devront être en relation avec ce sens, ce but. Il s'agit de dire « oui » à ce qui nous rapproche de nos objectifs et de dire « non » à ce qui nous éloigne de nos objectifs. Plus ce que nous voulons est clair, plus aisée est la prise de décision.

La joie du trajet avec vous-même

Une des choses essentielles dans ce trajet est la joie de faire ce trajet avec vous-même. Vous ferez des découvertes sur vos capacités et votre créativité que vous n'auriez possiblement pas imaginées. Dans ce trajet avec vous-même, vous aurez besoin d'un équilibre mental.

Comme je le disais précédemment, 90 % de notre vie est gouverné par notre inconscient. Nous devons avoir des routines sans être routiniers. Les *routines* sont excellentes pour notre santé mentale. Elles expriment notre discipline et notre capacité d'organisation. Je tiens à préciser que la discipline est de faire ce que nous devons faire même si nous n'avons pas envie de le faire. Les routines nous aident à arriver à notre état désiré. Pratiquer du sport quotidiennement, lire, écrire, se développer personnellement au quotidien, etc. Les *routiniers* sont ceux qui répètent un comportement qui devient un automatisme. Ils ne gagnent pas en expérience, en connaissance transformationnelle, en apprentissage transformationnel. Ils gagnent juste des années de répétition sans apprendre quoi que ce soit pour s'améliorer et atteindre leurs objectifs.

Nous devons traiter chaque journée sur mesure, car chaque journée est spéciale. Vous êtes en vie ! Vous avez une nouvelle page chaque jour pour écrire le futur et le passé que vous désirez !

D'un point de vue clinique, il y a quelques éléments qui peuvent nous aider à vivre dans la joie non seulement avec autrui, mais aussi avec nous-mêmes :

Le rire est une des méthodes les plus efficaces pour augmenter l'endorphine dans le sang. Je le considère aussi comme étant la connexion la plus proche entre deux personnes.

Alice Isen a réalisé une étude démontrant que les émotions positives (le sourire, la bonne humeur, etc.) améliorent remarquablement les compétences cognitives et le comportement social.

Le rire active la circulation sanguine dans le cortex préfrontal, la zone qui est chargée de notre créativité, notre organisation, notre planification et des résolutions de problèmes donc ces derniers s'améliorent. Le rire est aussi un protecteur contre les maladies et les infections.

Les souvenirs positifs, Viktor Frankl, professeur autrichien de neurologie et de psychiatrie, avait observé que, quand une personne avait des souvenirs et des convictions sur lesquels s'appuyer, elle avait la capacité de survivre physiquement et psychologiquement à un traumatisme.

Se souvenir de scènes plaisantes a un fort impact sur le cerveau. Se souvenir des jolis moments de notre passé a la capacité de produire les mêmes substances et d'activer les mêmes zones cérébrales que lorsque nous avons vécu ces moments. Nous savons aujourd'hui que se souvenir d'évènements gratifiants permet à notre organisme de libérer des substances biochimiques antidépressives.

À la maison, nous avons un grand espace où nous avons créé « l'espace bureau » de nos quatre enfants. Dans cet espace, ils ont tout ce qui touche à l'école primaire et au collège (au moment où j'écris ce livre). Sur l'une des étagères de l'une des bibliothèques, nous avons installé un cade numérique rempli des photos de la vie que nous construisons avec eux. Les photos défilent les unes après les autres et ils aiment tellement les regarder. Ils passent beaucoup de temps dans cet espace pour travailler l'école et souvent on les entend faire un commentaire sur une photo ou rire d'une autre, etc. Je crois que les bons souvenirs nous rappellent que notre vie a un sens et que nous ne sommes pas où nous sommes par hasard, mais pour nous développer personnellement de manière à créer une différence positive dans notre monde. Selon Viktor Frankl, les personnes dont la vie a un sens tolèrent mieux la souffrance, les obstacles. Je dirais que ce sens est l'essence de l'être humain. Quand nous ne faisons qu'exister, ce sens n'est pas présent et la vie devient une répétition vide chaque jour.

La méditation

Herbert Benson, cardiologue et professeur de médecine à l'université de Harvard, fut l'un des premiers scientifiques à explorer la relaxation et la méditation en s'inspirant de la philosophie orientale. Il a nommé l'étude : la tête et le corps « médecine du comportement ». Son objectif était de prouver les bienfaits de la méditation face aux résultats nocifs de l'anxiété et du stress.

Ses idées ont été significatives et ont créé un pont entre la religion et la médecine, la foi et la science, de manière à unir l'Orient et l'Occident, la tête et le corps. D'ailleurs, il existe plusieurs techniques de relaxation curatives du stress ou des traumatismes. Notre cerveau stocke, dans « un lieu sûr », la sensation d'un souvenir ou d'une image qui nous donne de la paix. Le docteur Benson affirme, par exemple, que l'état d'une personne souffrant de maux de tête ou du dos peut s'améliorer avec un placébo parce que la raison rappelle la sensation de bien-être expérimentée avec la médication.

À une occasion, j'ai rencontré une mère et une fille avec des liens d'attachement émotionnel nocifs. La mère était toxique et manipulatrice. Sa fille l'aimait profondément, et la mère profitait de cela. Son test de personnalité DISC indiquait que la fille possédait un parfait équilibre psychique, ce que j'ai constaté. Par curiosité, en voyant sa force, son équilibre et sa stabilité psychiques, je lui ai demandé comment elle gérait cette situation émotionnelle.

Sa réponse fut très intéressante. Nous verrons plus tard dans quelle mesure elle possède un fondement scientifique.

Voici sa réponse : « Voyant comment ma mère était maltraitée dans son environnement, je lui ai demandé de venir vivre avec moi, mon mari et mes enfants en lui disant que nous la prendrions en charge. C'est une femme qui a beaucoup souffert. Je l'aime et je souhaitais de tout mon cœur lui offrir une jolie vie remplie d'amour pour ses vieux jours. Elle n'a pas accepté. Elle a deux autres enfants qui sont adultes et qui profitent d'elle en lui prenant, littéralement, la nourriture de sa bouche. L'un est résigné à vivre des aides de l'État dans des logements sociaux et de tout ce qu'il peut recevoir "gratuitement" et facilement. L'autre vit d'escroqueries. Ma mère voulait continuer de travailler afin de leur donner tout ce qu'elle pouvait gagner. Je sais qu'elle est malade psychiquement.

Elle se ment à elle-même et essaye de créer sa réalité, car la douleur occasionnée par ces deux autres enfants est profonde. C'est la raison pour laquelle elle agit ainsi.

Cependant, je l'aime, et la voir dans cette souffrance impacte profondément ma vie à un point tel, qu'à une occasion, mon corps n'agissait plus physiquement. Pendant 10 jours, je n'ai pas été capable de me doucher. Cela s'accompagnait de vomissements. Les vomissements étaient la seule chose qui pouvait me faire sortir du lit. Je me répétais tous les jours "je vais y arriver", mais j'ai pris conscience que je ne pouvais rien faire d'autre pour ma mère. C'était sa décision et je devais la respecter, mais je devais me respecter moi aussi. J'ai coupé tout contact physique avec elle, mais aussi l'attachement psychologique. Aujourd'hui, il n'y a pas un seul jour où je ne pense pas à elle. Je pense à elle tous les jours avec une profonde tristesse. Certains jours, j'ai quelques larmes qui sortent de mes yeux. Ce qui m'a aidé réellement à guérir, c'est la raison. Quand je pense à ma mère, j'amène à ma mémoire le souvenir de sa décision et l'émotion n'a plus aucun contrôle sur moi. Je ne m'étais jamais sentie aussi saine à son égard ».

Cette histoire bien réelle a une base scientifique développée par Susumo Tonegawa, biologiste japonais et prix Nobel de médecine en 1987. En 1990, il s'est focalisé sur la base moléculaire de la formation et de la récupération de la mémoire. En 2017, il publia un article expliquant que les souvenirs ont un impact sur notre état psychique puisque le souvenir met en marche le système de récompense et active donc le système de motivation.

Donc, amener à notre cerveau des souvenirs positifs agit contre la dépression et, également, contre d'autres altérations mentales. C'est réconfortant de constater que cette information a été vérifiée par la science et constitue ainsi une base neuroscientifique solide sur laquelle nous pouvons nous appuyer. En fait, il y a plusieurs zones de notre cerveau qui sont impliquées dans ce processus : l'hippocampe (zone de mémoire), l'amygdale qui gère la peur et qui nous rappelle des expériences comportant un haut niveau d'intensité émotionnelle, et le noyau accumbens (système de récompenses). C'est justement ce qui est arrivé à la fille de notre histoire. Quand elle pense à sa mère, elle déclenche intentionnellement un processus cérébral par lequel elle amène dans son hippocampe le souvenir de la décision de sa mère et l'amygdale régule ses émotions de « dégoût » en mettant en œuvre son système de récompense (dans le cas de notre histoire, le processus cérébral enclenché permet à la fille d'être consciente de ne pas être responsable de la décision de sa mère, car chacun est responsable de ses décisions), ce qui active par la suite le système de motivation.

Comme nous pouvons le constater, les souvenirs, ayant un impact positif, ont un pouvoir curatif si nous les trions intentionnellement.

La méditation, contrairement à ce que nous pouvons entendre parfois, ne consiste pas à ne pas penser et à se relâcher à un point tel que nous serions relaxés comme par magie. Pas du tout.

Nous devons comprendre que nous ne pouvons pas séparer la tête de notre corps. En d'autres termes, le cerveau et notre esprit ne font qu'un. Le docteur Andrew Newberg, neuroscientifique américain, a réalisé une étude et a constaté, à travers des scanners cérébraux, ce qui se passait dans le cerveau de moines et de bouddhistes pendant leurs méditations. Ceux-ci, focalisés intensément, augmentent l'activité de leur lobe frontal.

En fait, la méditation est un exercice dans lequel on demande intentionnellement à notre cerveau de se focaliser sur une pensée positive. Nous devons mettre toute notre énergie psychique et physique dans l'exercice en question. En termes plus cliniques, la méditation déclenche un processus cérébral à travers lequel le cerveau génère des substances chimiques qui activent le système de gratification générant une sensation de plénitude ou de bien-être et se matérialisant dans notre comportement.

Méditer sur des choses positives sur vous. Je tiens à préciser que je parle de choses positives bien réelles et pas d'une fausse réalité que vous avez pu créer de manière inconsciente. Rappelez-vous que, tant que vous n'avez pas accepté votre réalité, vous ne pourrez ni avancer ni guérir.

Je suggère de méditer sur des choses éternelles, des choses qui ne peuvent pas être volées, des choses qui n'appartiennent qu'à vous telles que la gratitude, la vision, votre avancement, vos résultats positifs, la paix, l'amour, le pardon, la joie, les rêves les plus profonds de votre cœur, etc. Voir de manière claire ces choses vous aidera à faire le trajet avec vous-même dans une plénitude totale.

Je vous rappelle que vous allez devoir vivre avec vous toute votre vie, donc vous devez vous sentir en plénitude avec vous-même. La première relation saine que vous devez développer est avec vous-même. Un cœur malade doit être pris en charge. Une blessure, aussi petite soit-elle, doit être prise en charge, car, si elle n'est pas traitée, elle s'infectera générant diverses autres maladies et infections qui vous affaibliront jusqu'à un point tel que tout ce que vous serez en mesure de faire sera d'exister jusqu'à ce que vous vous arrêtiez de respirer. Donc méditez dans tout ce qu'il y a de bon dans votre vie, dans les blessures à traiter pour les guérir, etc., afin que vous puissiez devenir la meilleure version de vous-même.

« *La tolérance ne devrait être qu'un état transitoire ; elle doit mener au respect* ». — Goethe

La tolérance de votre état actuel doit être transitoire, elle doit vous amener à respecter votre passé, honorer votre présent et planifier votre avenir afin de réussir avec votre faiblesse singularité.

Tout rêve qui vaut la peine exige beaucoup d'énergie pour devenir réalité. Si ce rêve est dans votre cœur, c'est qu'il vaut la peine.

Osez réfléchir avec votre singularité, osez analyser avec votre singularité, osez avancer avec votre singularité, osez vous développer avec votre singularité. Soyez vous-même. La singularité rend authentique.

« J'admets que deux et deux font quatre est une excellente chose, mais, si nous sommes justes, deux et deux font cinq a aussi beaucoup de charme ».
— Fiodor Dostoïevski

Voici un extrait d'un article publié le 14 janvier 2024 par Dalia Ventura, BBC News Mundo :

[9]Il vaut peut-être la peine de citer le plus cité : Kareem Carr, docteur en biostatistique de l'université de Harvard, qui s'est rendu célèbre en enflammant les réseaux en 2020 avec un fil de discussion sur Twitter intitulé « Tout ce que vous devez savoir 2+2=5 ».

Il a commencé par dire que « des énoncés tels que 2+2=4 sont des abstractions, ce qui signifie qu'ils sont des généralisations de "quelque chose" ».

Les personnes réfléchissant littéralement peuvent parfois dire des choses comme « si je mets un coq et une poule ensemble et que je reviens l'année suivante, il y en a trois (1+1=3) ou dire : "si je laisse un renard et une poule ensemble, je reviens plus tard, il n'y en a qu'un (1+1=1)".

« Les gens peuvent penser que c'est stupide, mais ils font une remarque extrêmement profonde », a-t-il déclaré.

Il a ensuite déclaré que « l'acte même de transformer quelque chose en un nombre est une hypothèse ».

Au fil du temps, il a continué à trouver des exemples, comme l'ajout de 200 ml d'eau à 200 ml d'eau dans un récipient, ce qui donnerait, selon l'arithmétique, 400 ml.

Mais, précise-t-il, comme la température des 200 premiers ml était de 20° et celle des autres de 40°, en les combinant, on réduisait la quantité.

Son point de vue était, et reste, que, dans un monde où tant de connaissances sont générées à partir de données, il est important de s'assurer que les hypothèses sont exactes afin que les conclusions sur la réalité soient exactes.

« Ainsi, lorsque quelqu'un me dit "2+2=5", je demande toujours plus de détails au lieu de penser qu'il est idiot. »

Même les vérités mathématiques évidentes sont controversées, alors combien de plus votre singularité ?

Mais quelle puissante déclaration faite par Kareem Carr : « Ainsi, lorsque quelqu'un me dit "2+2=5", je demande toujours plus de détails au lieu de penser qu'il est idiot ».

« 2+2=4 » est une représentation de la conformité du monde dans lequel nous vivons. En déclarant que « 2+2=5 », nous remettons en cause l'ordre établi présent et nous nous donnons la possibilité de construire en dehors de ce qui paraît possible en élargissant notre champ de réflexion et d'action.

Je ne sais pas vous, mais il est certain que de mon côté je préfère considérer que deux plus deux font cinq ! Finalement, le monde physique est juste une projection d'une intelligence, d'une compréhension.

L'authenticité et « industrialisation humaine »

Selon diverses sources, l'authenticité est quelque chose qui n'a pas subi de modification, quelque chose d'exact, de réel. L'authenticité est une valeur qui incarne la sincérité, la vérité d'un objet ou d'une personne.

Pour diverses raisons, il est difficile pour certains d'être authentiques.

Ce manque d'authenticité peut conduire les personnes dans la « survie émotionnelle » et, dans certains cas, entraîner des troubles de la personnalité affectant de manière directe l'identité personnelle modifiable dont j'ai parlé précédemment.

Il est important d'être qui nous sommes réellement avec nos forces et notre vulnérabilité, tout simplement parce que le monde, votre monde et votre environnement ont besoin de vous.

Vous êtes un être unique. Il n'y a pas un autre être comme vous, avec votre expérience, votre passé, vos erreurs, vos réussites, vos talents.

Votre chemin a façonné qui vous êtes d'une manière spéciale.

Bien plus que vous ne l'imaginez, votre vrai vous a beaucoup à donner afin d'améliorer notre monde, votre voisinage, votre lieu de travail.

Les musées sont ce qu'ils sont grâce à l'authenticité de chacune de leurs pièces. Quand nous les visitons, nous sommes émerveillés d'observer autant de pièces différentes, uniques et réelles réunies. Il faut prendre conscience que vous ne serez jamais comme votre voisin parce que chaque personne dans le monde est une pièce unique. En fait, dans l'authenticité, il y a une différence entre « l'être » et le « paraître ». L'authenticité, c'est d'être aligné avec nos valeurs, nos convictions, et cohérent entre ce que nous exprimons et ce que nous faisons. Quand il y a un réel alignement et une réelle cohérence, nous sommes nous-mêmes. Mais il y a aussi un autre élément à prendre en compte, en l'occurrence que nous devons être cette réalité partout, dans n'importe quelle circonstance, et c'est justement ce qui est difficile pour certaines personnes.

Elles préfèrent tomber dans le « paraître » pour se sentir acceptées, mais cette croyance est fausse, car, dans la vie, il y aura toujours un groupe de personnes qui vous aimera, un autre groupe qui ne vous aimera pas, et un autre qui vous haïra. J'ai expliqué précédemment ce principe. Il ne s'agit finalement pas de vous, mais d'un degré de développement. Pour toujours construire des relations cordiales tout en restant authentique, je suggère d'adapter la communication selon le profil de personnalité de chacun.

Si vous observez le monde et son évolution ainsi que ses découvertes, vous constaterez qu'ils sont les fruits des actions de personnes authentiques qui ont décidé de transformer leurs rêves en réalité.

« *Nous devons trouver des moyens d'être des agents actifs dans notre vie. Nous devons prendre en main notre propre destinée, nous créer une vie qui a de la substance et commencer vraiment à vivre nos rêves.* — Les Brown

Il est vrai que les premiers bénéficiaires de l'accomplissement de nos rêves sont nous-mêmes, et c'est une bonne chose, car nous ne pouvons pas donner ce que nous n'avons pas. Cependant, ce qui est vraiment puissant est que ce que nous devenons a un impact sur notre environnement. La problématique est que notre monde devient de plus en plus polémique, adoptant une culture de débat permanent en lieu et place d'une culture d'action.

Il m'arrive parfois de collaborer avec des personnes qui vont toujours m'expliquer avec beaucoup de détails et de critiques différentes situations. Elles multiplient les critiques et posent un regard dépréciatif sur les actions des autres. Quand je leur demande « que proposes-tu pour améliorer ou résoudre la situation ? », c'est le silence total, ou leur réponse est « je ne sais pas ». Alors je leur dis : « Chaque fois que tu viens avec une problématique, viens également avec au moins trois propositions pour résoudre ou améliorer les choses ».

La culture de la polémique est tellement implantée dans nos quotidiens que tout ce que les personnes voient ce sont des problèmes, des obstacles, du noir partout en passant à côté des opportunités que ces derniers nous offrent.

Cette attitude est justement l'attitude qui tue l'authenticité et nous fait oublier que nous sommes capables de proposer et d'agir pour l'amélioration où que nous soyons. Nous ne pouvons pas permettre de nous laisser nous « industrialiser » en tant qu'être humain. Nous devons rester uniques et protéger notre authenticité de « l'industrialisation humaine ». *L'industrialisation humaine* tend à créer une masse, une chaîne d'individus identiques. Si vous dites « oui » à *l'industrialisation humaine,* vous dites « non » à votre authenticité. Soit, vous êtes réel, *être,* soit vous êtes faux, *paraître*, mais vous ne pouvez pas être les deux. Nous devons vivre en accord avec nous-mêmes.

Jean-Luc Bernard, professeur des Universités en psychologie du Conseil et de l'Orientation, explique dans plusieurs articles [10] que, pour gagner en authenticité, il faut accepter de prendre conscience de sa vie et de prendre le temps de la questionner. Cela peut s'avérer pour certains parfois douloureux. Mais, pour autant, pour être authentique, il faut avoir du courage. Il faut un courage double : le courage de se confronter à cette question de sens et le courage de faire les changements pour gagner en alignement. Jean-Luc dit que c'est une véritable « tâche de l'existence » que d'apprendre à se connaître pour s'asseoir dans son authenticité et pour vivre aligné avec ce que l'on est. Et le psychiatre français Christophe André ajoute que, pour être vraiment soi-même, il faut être d'accord pour s'installer dans un combat quotidien entre : ce que l'on est (personnalité et héritage), ce que l'on voudrait être et ce que l'environnement nous pousse à être.

Je suis persuadée que LA clé pour rester authentique est simple : ne pas se mentir. Créer constamment une « réalité » qui n'existe pas pour paraître constitue un déséquilibre mental. Dans les thérapies psychiques et dans le développement personnel, tout commence par l'acceptation. Si vous n'acceptez pas votre réalité, concrètement, il n'y a pas de moyen d'avancer. Pour réussir avec votre singularité, vous devez préserver votre authenticité. Votre « moi » public doit ressembler à votre

« moi » interne. Si vous optez pour le choix de « paraitre », cela ne pourra pas perdurer sur le long terme. Il est difficile pour un individu d'entreprendre une chose pour laquelle il n'est pas doué.

Ce principe trouve son application dans l'ensemble des activités humaines. En matière de sport, je conseille toujours aux personnes de pratiquer du sport quotidiennement. Je considère qu'une habitude quotidienne sportive doit être intégrée dans notre agenda.

Cette habitude est essentielle pour le bon fonctionnement de notre bien-être. Cependant, souvent, les personnes me répondent qu'elles n'aiment pas le sport.

Quand je leur dis de chercher ce qui leur convient, elles finissent par trouver un sport en accord avec leur quotidien. J'aime la marche. Je peux marcher des heures.

C'est vraiment mon sport. Mais si vous me demandez plutôt de courir, mon assiduité quotidienne ne résistera pas au long terme. Le même phénomène se produit quand vous essayez de « paraître ». En substance, vous faites semblant d'être quelqu'un que vous n'êtes pas et ceci va épuiser vos forces psychiques et physiques, exactement comme si vous vous lanciez dans un sport qui ne vous ressemble pas.

À retenir :

- o L'authenticité est votre plus grand atout pour réussir avec votre singularité.

- o La clé de l'authenticité est simple : ne pas se mentir.

- o Éviter l'industrialisation humaine pour se diriger plutôt vers l'authenticité.

Comment être authentique dans une mode d'« industrialisation humaine »

Je dirais que tout se joue dans les valeurs qui encadrent votre vie. Ces valeurs qui vous rappellent qui vous êtes. Dans mon ouvrage *Une vie remplie de sens* je les appelle « le voilier des valeurs ». Nos valeurs, concrètement, dirigent notre vie. Nos valeurs nous font choisir ce que nous regardons et ce que nous ne regardons pas, ce que nous écoutons et ce que nous n'écoutons pas.

Nos valeurs tendent à nous faire prendre des décisions alignées et cohérentes avec notre « moi » interne. Si vous n'êtes pas conscient de vos valeurs, il est fort possible que vous naviguiez comme un voilier à la dérive et sans port d'arrivée. Si vous trouvez un groupe de personnes avec des valeurs plus ou moins correctes, vous adhérerez, et si vous trouvez un autre groupe de personnes avec d'autres valeurs plus ou moins correctes vous adhérerez aussi. Bref, vous serez influencé par tout ce qui vous semble « sympa » et « bien ». Cette manière de marcher dans la vie peut s'avérer dangereuse parce que sans valeur vous n'avez ni direction ni encadrement. Cette situation vous rend vulnérable. Quelqu'un peut remarquer cette vulnérabilité et abuser de vous en vous manipulant.

Vous devez être très clair sur les valeurs qui encadrent votre vie. Dans les différentes circonstances auxquelles vous serez confrontés, vous devrez adapter votre manière de communiquer, mais vous ne devrez jamais négocier sur vos valeurs.

J'ai lu sur différents réseaux sociaux que les auteurs doivent écrire ce que les gens souhaitent pour se distraire, s'occuper, et surtout ne pas écrire sur les points d'amélioration, car les gens souhaitent lire qu'ils font bien les choses. Concernant les livres pratiques, ces derniers devaient apporter essentiellement de l'information sans aucun engagement. Comme vous pouvez le constater, je reste fidèle à mes valeurs, et le cœur de mes écrits vise à amener mes lecteurs vers la meilleure version d'eux-mêmes ce qui implique de questionner sa vie et de s'améliorer de manière constante. Je ne suis pas une professionnelle « motivationnelle », mais une professionnelle « transformationnelle ». Mon désir est de transformer des vies brisées en vies reconstruites. Mon désir est de sortir les gens de « exister » pour les amener à « vivre ». Mon désir est de pousser les personnes à mener une vie significative afin de faire une différence qui créera un impact inspirant positif là où elles sont placées.

Vivre son authenticité dans un monde *d'industrialisation humaine* dépend de ses valeurs.

Nous arrivons à la fin, et, comme vous le savez, tout a un *temps*, une *saison* et un *cycle*. Par suite, ceci est juste la fin de cet écrit et le début d'un nouveau. Je vous remercie profondément d'être arrivé avec moi jusque-là.

J'aimerais tant que vous puissiez expérimenter votre vie en plénitude avec votre singularité, cette singularité si parfaitement imparfaite qui fait de vous qui vous êtes.

Il y a des principes qui ne peuvent que s'expérimenter pour arriver à les comprendre.

Dans tous les cas si vous ne pouvez pas courir alors, marchez, si vous ne pouvez pas marcher alors rampez, mais n'abandonnez jamais ce pour quoi vous êtes sur Terre.

Cours vers l'accomplissement de tes rêves, ta mission, ta cause et gagne ta course.

« Un voyage de mille milles commence toujours par un premier pas. »

— Lao-Tsé

Le meilleur est à venir...

ANNEXES

La recherche de la perfection : Faiblesse ou Force ?

(Point de vue de la psychologie positive au travail)

Muriel Vignau-Colombiès
Psychologue

Introduction : Les enjeux de la perfection dans le monde du travail

« Ne craignez pas d'atteindre la perfection, vous n'y arriverez jamais. »

— *Salvador Dali*

Dans le cadre de mon expérience personnelle et professionnelle, j'ai été confrontée aux défis et aux opportunités que présente la quête de la perfection. En tant que psychologue du travail, j'ai observé et analysé les effets du Driver « Sois parfait » sur de nombreuses personnes, y compris moi-même. Cet « article témoignage » vise à explorer les aspects à la fois limitants et bénéfiques de cette recherche de la perfection.

Tout au long de cet article, je partagerai mon parcours personnel et mes observations professionnelles pour démontrer les limites et les conséquences négatives de l'injonction à la perfection. Nous verrons comment cette quête peut engendrer un stress et un frein à l'action, une incapacité à être satisfait et une charge mentale excessive, créant ainsi un environnement de travail contre-productif et voire délétère.

Cependant, la recherche de la perfection peut également se transformer en un puissant levier de développement personnel et professionnel. En abordant les aspects positifs, tels que l'excellence et l'amélioration continue, je mettrai en lumière comment la recherche de la perfection peut inspirer et motiver à atteindre des standards élevés et à maximiser les performances.

Enfin, je proposerai des conseils et des stratégies concrètes pour tirer parti des bénéfices de la perfection tout en minimisant ses effets négatifs. En tant que psychologue du travail, je partagerai des outils pratiques pour aider les personnes et les managers à transformer cette exigence en une force et un atout pour eux-mêmes, leurs équipes et leurs entreprises.

Mon intention dans ce témoignage est de démontrer qu'en adoptant les bonnes stratégies, il est possible de transformer la recherche de perfection en un atout différenciant, tout en favorisant le développement personnel et organisationnel vers l'excellence.

Le côté obscur du « Sois parfait » aux commandes : limites et conséquences

« Quand vous recherchez la perfection, vous découvrez que c'est une cible mouvante. »

— *George Fisher*

La quête de la perfection, encadrée par l'injonction du Driver « Sois parfait » selon le modèle de l'Analyse Transactionnelle développé par Éric Berne, est une notion à double tranchant largement validée dans le domaine de la psychologie du travail. Cette exigence de perfection peut se manifester par une volonté de contrôle excessif des moindres détails, une insatisfaction perpétuelle, et un jugement sévère et souvent biaisé des performances personnelles et celles des autres.

Les individus sous l'influence du « Sois Parfait » ont tendance à se juger durement et à critiquer sévèrement les erreurs des autres, ce qui peut mener à une obsession pour les détails, une tension mentale et psychologique accrue, ainsi qu'à une charge mentale excessive. Ce besoin de perfection génère du stress, alimente l'insécurité, et draine la confiance en soi. De plus, il peut conduire à une surcharge mentale conséquente, où l'accumulation d'informations et de tâches à gérer devient écrasante, un phénomène désigné sous le terme d'infobésité. Un environnement de travail tendu et contre-productif est ainsi créé, car une attention excessive portée sur les erreurs freine la collaboration et gangrène le travail en équipe.

De plus, « la recherche de l'imperfection est le plus nul des standards » (Traduction libre et personnelle de ce que dit Tony Robbins : « perfection is the lowest standard »). Cette quête devient souvent une excuse pour l'inaction, permettant de se cacher de la réalité. Chaque moment passé à chercher la perfection est une opportunité manquée pour agir.

Dans le développement qui va suivre, je vais explorer les différentes limites et les conséquences du « Sois parfait », aussi bien sur le plan personnel que sur le plan professionnel.

Les effets négatifs du « Sois Parfait »

Surcharge mentale, stress et insécurité :

Lorsqu'une personne est sous l'influence du « Sois parfait », elle se met constamment sous pression, craignant de faire des erreurs ou d'oublier quelque chose. Cette peur la pousse à vérifier son travail plusieurs fois, ce qui peut finalement entraîner encore plus d'erreurs. Si cette personne occupe un rôle managérial, ses contrôles fréquents ajoutent du stress à son équipe et sapent la confiance.

Chaque tâche devient un défi énorme, et la moindre erreur est perçue comme un échec. La peur de mal faire conduit aussi à chercher trop d'informations et à procrastiner, rendant la prise de décision difficile. La surcharge mentale causée par tous ces détails à surveiller et à contrôler empêche de prendre des décisions rapides et efficaces.

Chaque erreur est vécue comme une critique, une « faute ».

La personne perfectionniste tombe dans un cercle vicieux : la peur de l'imperfection la paralyse, ralentissant l'exécution des tâches tout en augmentant le stress. Ce stress répété peut mener à des troubles psychologiques graves, affectant le bien-être et la qualité de vie.

Dévalorisation et Jugement de soi
« Jamais satisfait »

Un jugement sévère de soi-même peut mener à une dévalorisation de ses propres capacités. Un perfectionniste se critique constamment, ce qui érode sa confiance en lui-même et son estime de soi. Il voit souvent ses réussites comme insuffisantes et est incapable de reconnaître ses compétences.

Cette difficulté à valoriser le chemin parcouru et à se satisfaire des résultats obtenus draine l'énergie et sape le courage pour entreprendre de nouveaux projets.

L'insatisfaction permanente entraîne une frustration à effets cumulés. Le perfectionniste cherche toujours ce qui pourrait être amélioré, même dans des résultats déjà excellents, ce qui l'empêche de profiter de ses succès.

Le fait de ne pas « marquer le coup » par un moment de récompense crée de la frustration et du ressentiment, accumulant un poids émotionnel qui freine les projets et changements.

Dans mon histoire personnelle, cet aspect limitant a longtemps entravé ma croissance et mes résultats.

Impact Négatif sur la Collaboration et la Productivité :

Contrôle excessif, problèmes de délégation, perte de confiance

Le perfectionnisme excessif freine la collaboration. Un perfectionniste a du mal à déléguer, craignant que le travail des autres ne soit pas à la hauteur de ses exigences « cela ne peut être bien fait que si je le fais moi-même ». Cela crée un environnement de travail tendu, où ses collègues se sentent jugés et démotivés. En conséquence, la productivité de l'équipe en souffre. Le fait de mettre toute l'attention sur les erreurs, sur ce qui n'est pas encore « assez », a tendance à démotiver les personnes de l'équipe.

Le manager perfectionniste veut tout contrôler et surveiller chaque détail. Il se concentre sur les erreurs et les résultats non atteints, sans valoriser ses équipes ni reconnaître le travail accompli.

Témoignage personnel sur les aspects négatifs du « Sois Parfait »

Mon parcours de vie a été grandement influencé par le driver « Sois parfait ». Étant une élève sérieuse et appliquée, j'ai longtemps été « la première de la classe », ne laissant aucune place à l'erreur. Ce perfectionnisme m'a poussée à travailler énormément, pour des résultats scolaires souvent « suffisants », mais pas toujours excellents. J'ai souvent consacré des heures à étudier, au détriment de ma vie relationnelle et de ma croissance personnelle. Dans ma carrière de psychologue du travail, cette recherche de perfection s'est traduite par une insatisfaction constante face à mes réalisations.

Intolérance aux retards et critique des autres : Le « Sois parfait » conduit à l'intolérance et à une faible acceptation des écarts par rapport aux normes. Par exemple, j'avais tendance à critiquer sévèrement les retards des personnes lors des réunions de travail. Une situation me revient en mémoire : lors d'un groupe de travail, une des participantes est arrivée en retard. Mon mental s'est immédiatement emballé face à ce retard, nourri par mon exigence de ponctualité. Plus tard, j'ai appris que cette personne était maman d'un bébé âgé de 1 mois. Mon expérience de maman, acquise des années après, m'a apporté la compréhension qui m'a manqué à l'époque.

Le respect strict des horaires était pour moi une règle absolue. J'avais tendance à être intolérante envers les retards des autres, alors que je sollicitais moi-même la compréhension pour mes propres retards. Cette attitude a souvent créé des tensions inutiles et a miné la dynamique de groupe, rendant les collaborations difficiles.

Corriger des erreurs inutiles : le perfectionnisme se traduit souvent par une attention excessive aux détails inutiles.

Par exemple, il m'est arrivé de perdre 3 heures de mon temps à rechercher une erreur de 0,01 € dans un rapprochement bancaire. Cet épisode illustre parfaitement comment la recherche de la perfection peut se transformer en une perte de productivité et en une source de frustration inutile.

Conclusion : les effets négatifs du « Sois Parfait »

À travers ces exemples personnels et professionnels, il est évident que le « Sois parfait » peut avoir des conséquences négatives significatives. Le manque d'efficacité, l'intolérance aux retards et la correction d'erreurs insignifiantes sont autant de manifestations des limites de ce perfectionnisme.

Cependant, en reconnaissant ces limites et en adoptant des stratégies pour transformer cette quête en une force, il est possible de tirer parti des aspects positifs de la recherche de la perfection.

Dans la partie suivante, nous allons découvrir comment transformer cette attitude et la travailler peut conduire à l'excellence en explorant les effets positifs de cette quête de perfection.

Les aspects positifs du « Sois Parfait » : la voie de l'excellence et de la croissance

« Les détails font la perfection, et la perfection n'est pas un détail. »

— *De Léonard de Vinci — Carnets*

Dans cette partie, nous allons explorer les aspects positifs du « Sois Parfait » et examiner comment, en travaillant et en transformant cette attitude, cela peut mener à l'excellence. Nous aborderons les impacts bénéfiques sur l'individu, sur l'équipe et sur l'organisation dans son ensemble.

Standards de qualité élevés et haut niveau d'exigence

Le perfectionnisme permet d'atteindre des standards élevés. Un perfectionniste produit un travail de grande qualité, ce qui est différenciant dans les domaines où la précision est essentielle. Cette quête d'excellence peut aussi inspirer et motiver les collègues.

Il maintient des standards élevés dans toutes ses tâches, refusant la médiocrité et recherchant toujours la qualité supérieure. Cette rigueur garantit des projets exécutés avec soin et attention aux détails.

S'inscrire dans cette attitude augmente la confiance en soi, contribue à un haut niveau de qualité, augmente la satisfaction et la fidélisation client.

Quête de l'Excellence : donner le meilleur, dépasser les attentes

Un perfectionniste s'efforce d'atteindre des résultats exceptionnels en visant le meilleur et en s'engageant pleinement dans chaque activité. Il cherche constamment à dépasser les attentes, ce qui contribue non seulement à son propre développement, mais aussi à la croissance et à la réputation de l'entreprise.

À titre personnel, cette attitude stimule un haut niveau de motivation et génère un sentiment de fierté et d'accomplissement. Elle améliore également l'expérience client en renforçant la confiance et en augmentant la fidélité des clients.

Pour l'entreprise, cette quête d'excellence renforce son positionnement de leader, améliore ses performances et sa productivité.

Maximiser, cibler l'essentiel : faire la différence

Une personne engagée dans l'excellence recherche le meilleur dans tout ce qu'elle entreprend, maximisant ainsi chaque ressource à sa disposition, que ce soit son temps, son argent ou ses talents. Cet engagement vers l'excellence se traduit par une dévotion totale à la tâche, avec une quête incessante de solutions pour améliorer chaque processus et trouver les solutions les plus optimales.

Elle est extrêmement focalisée, concentrée sur les solutions et déterminée à éviter les distractions ainsi que les activités non productives. Son approche méthodique et sa persévérance la poussent à identifier et à mettre en œuvre des actions qui apportent une réelle valeur ajoutée.

En cherchant constamment à se démarquer par des initiatives innovantes, cette personne ne se contente pas de suivre les standards existants, mais cherche à les dépasser. Elle met en place des stratégies qui font réellement la différence, tant au niveau personnel qu'organisationnel, contribuant ainsi à l'amélioration continue et à l'excellence globale.

L'engagement envers l'excellence s'inscrit dans une démarche proactive visant à maximiser l'efficacité et l'impact de chaque action entreprise.

Finition et service Impeccable

Une personne engagée dans l'excellence fait preuve d'une attention particulière aux détails pour garantir un travail soigné et complet. Elle s'investit dans la relecture et la vérification minutieuses, s'assurant que chaque aspect de son travail est parfait. Sa priorité est l'excellence du service à la clientèle, ce qui se traduit par une réactivité et une courtoisie exemplaire envers les clients.

Structuration des activités et optimisation des ressources

Une personne engagée dans l'excellence attache une grande importance à la structuration du temps et des activités. Elle adopte une planification et une organisation rigoureuses des tâches, veillant à ce que chaque activité quotidienne soit méthodiquement organisée. Elle établit des plans détaillés pour s'assurer que toutes les tâches sont bien définies et réparties. Chaque journée est gérée avec une méthode précise, évitant ainsi les imprévus et les interruptions inutiles. En créant des routines et des systèmes efficaces, elle optimise son temps et ses ressources.

Elle suit des méthodologies éprouvées pour exécuter ses tâches de manière systématique et efficace. En identifiant les activités les plus importantes et en les abordant en priorité, elle maximise son efficacité. Les objectifs qu'elle se fixe sont clairs et précis, ce qui lui permet de rester concentrée et motivée.

Pour elle, cette approche méthodique améliore sa productivité personnelle et renforce sa satisfaction professionnelle. En développant des compétences en gestion du temps, elle accroît sa capacité à atteindre ses objectifs. Les clients bénéficient de cette fiabilité accrue, tant en termes de délais que de qualité des services. Cette régularité et cette prévisibilité des livrables renforcent leur satisfaction.

Pour l'entreprise, une efficacité opérationnelle accrue se traduit par une réduction des coûts et une augmentation de la rentabilité.

Les effets positifs :

Pour conclure cette partie, le perfectionnisme peut être une force puissante lorsqu'il est bien canalisé. En mettant en œuvre des comportements visant l'excellence, en maintenant des standards élevés et en se concentrant sur les détails importants, les managers peuvent non seulement améliorer leur propre performance, mais aussi celle de leur équipe et de leur entreprise. Cela se traduit par une satisfaction accrue des clients, une meilleure réputation de l'entreprise, et une efficacité opérationnelle supérieure.

Conseils de psychologue pour transformer le « Sois parfait » en une force

« Jamais parfait, toujours meilleur. »

— Simon Tarea

Nous avons exploré les effets négatifs et positifs du « Sois parfait ». À présent, je vous propose des stratégies pour transformer cette injonction en une force, un talent qui fait la différence. Ces méthodes, que j'ai personnellement mises en œuvre et testées, permettent de convertir les limites en atouts. Si mon objectif initial était de soulager ma charge mentale, j'ai également gagné en confiance, en assurance professionnelle et en efficience. En me concentrant sur ma plus-value et sur ce qui me différencie, j'ai avancé sur le chemin de ma croissance personnelle et de mon leadership.

Transformer le « Sois Parfait » en une force véritable

voici quelques stratégies :

- o Mettre son attention sur les résultats visés « Commencer par la fin. » : plutôt que de chercher la perfection, j'ai appris à me poser des questions telles que : « Que se passe-t-il si je ne réalise pas cela ? » « Qu'est-ce qui est assez ? » « Quel est le résultat attendu pour le client ? Pour moi-même ? » En formulant ces questions de manière concrète et tangible, j'ai pu clarifier mes objectifs. Anthony Robbins m'a beaucoup inspirée sur ce point : il insiste sur l'importance de focaliser son attention sur les résultats souhaités et de définir les actions nécessaires pour les atteindre.

- o Commencer petit (La méthode des petits pas) : la méthode des petits pas m'a aidée à créer des habitudes positives. Poser des actions chaque jour.

- o Pratiquer la gratitude (chaque jour, je note trois points) : ce que j'ai observé, ce que j'ai réussi, ce pour quoi j'éprouve de la gratitude. Cela permet de se concentrer sur les aspects positifs et de réduire le stress lié à la perfection.

- o Structurer son temps, poser des limites : tout comme un GPS, je rentre mon point de départ et mon point d'arrivée. Je définis le temps passé et le résultat visé. J'ai mis en place la méthode POMODORO qui m'aide à séquencer mon temps, à alterner des tâches intellectuelles avec des pauses physiques utiles qui me permettent de bouger et de mieux reprendre mes tâches de concentration.

- o Accepter le « suffisamment bon » : identifié lorsque c'est « assez ». J'ai appris à reconnaître quand quelque chose est suffisamment bon pour être partagé ou terminé. J'ai pu valider que l'excellence réside dans la simplicité.

- o S'engager à agir même si les conditions ne sont pas parfaites : prendre en compte les critiques et les utiliser pour s'améliorer. Apprendre à se fier à son intuition tout en utilisant les connaissances apprises pour prendre des décisions éclairées.

> « Mieux vaut fait que parfait
> Avec son équivalent : Mieux vaut une action imparfaite
> qu'une parfaite inaction »
>
> « Un vaut mieux que zéro » — Fabien Olicard

En guise de conclusion : vers une perfection efficiente et pragmatique

> « Si vous attendez [que tout soit parfait] pour agir, tout ce que vous gagnerez avec le temps, c'est de l'âge. » — Brian Tracy

La quête de la perfection, bien qu'elle puisse conduire à des résultats exceptionnels et à des standards élevés, s'accompagne souvent d'attentes irréalistes qui nuisent à l'épanouissement personnel et à l'efficacité collective.

L'équilibre est la clé : reconnaître les avantages de la rigueur tout en acceptant les limites humaines et en favorisant une approche pragmatique et bienveillante envers soi-même et les autres.

Pour bénéficier des aspects positifs de la recherche de perfection sans en subir les effets négatifs, il est important de nuancer son application selon les contextes et de contrebalancer cette exigence par une évaluation objective et réaliste de ses critères. Cela permet non seulement d'améliorer l'efficacité et la productivité, mais aussi de créer un environnement de travail plus sain et plus harmonieux.

Cette réflexion m'a amenée à comprendre qu'une action imparfaite vaut mieux qu'une parfaite inaction et qu'il n'est pas nécessaire de tout connaître pour agir.
La recherche de la perfection peut être une arme à double tranchant : elle peut vous pousser à atteindre des sommets de qualité et de performance, offrant un développement personnel continu et une réputation d'excellence. Cependant, elle peut également entraîner du stress, des retards, et limiter votre productivité.
Il s'agit donc de savoir où placer le curseur, en utilisant le perfectionnisme pour améliorer la qualité et les standards tout en évitant qu'il ne devienne un obstacle à l'efficacité et à la créativité.
Autrement dit, ne laissez pas la quête de la perfection vous empêcher d'avancer. Acceptez qu'une action imparfaite vaille mieux qu'une parfaite inaction et agissez en conséquence pour un développement harmonieux et pragmatique.

Auteur : Muriel Vignau-Colombiès
Psychologue du travail
Coach certifiée Maxwell Leadership
Organisme de formation certifié QUALIOPI

ARTICLES

Et si seulement j'avais...

« Tout changement est difficile au début, désordonné au milieu et magnifique à la fin. »

— Robin Sharma

Et si seulement j'étais plus jeune, et si seulement j'avais plus d'argent, et si seulement j'étais plus doué, et si seulement j'étais marié, et si seulement et si seulement et si seulement.

C'est si difficile, parfois, de faire avec ce que nous avons que nous présentons toujours des excuses pour éviter d'avancer. Toutes ces excuses ont pour objectif de diminuer notre sentiment de culpabilité face à la responsabilité de gaspiller ce qu'il y a entre nos mains.

Alors que, finalement, les possibilités de créer sont infinies.

Mais par caprice, arrogance ou orgueil, les gens ne veulent pas faire avec ce qu'ils ont.

Ils cherchent le chemin ou l'orientation alors que tout se trouve devant eux. Si tu ne mesures pas 1m90, tu ne peux pas être mannequin selon les critères de la mode. Si tu n'as pas une belle voix alors il sera peut-être difficile de vivre de ta voix. Si tu es muet alors donner des conférences sera un véritable défi.

Qu'avez-vous aujourd'hui ?

Pourquoi sommes-nous si frustrés lorsque nous avons entre nos mains une perceuse au lieu d'un marteau ?

Si vous avez la réponse, je serais ravie de l'entendre, car je ne la connais pas. Dans tous les cas, s'il y a quelque chose que mon processus de croissance m'a appris : c'est que je vais créer avec ce que j'ai entre les mains et non avec ce que je n'ai pas. C'est scientifique, on crée à partir de quelque chose qui existe déjà.

Qu'avez-vous aujourd'hui ? Que voulez-vous créer ? Un bel avenir, de belles relations, une vie qui donne de la valeur à autrui et à notre monde ? Regardez autour de vous et mettez-vous en action parce que le temps qui passe est irrécupérable. Alors, assurez-vous d'être satisfait de l'heure qui vient de s'écouler.

Regardez entre vos mains, et si vous ne voyez rien, regardez encore et encore parce que tout est là en vous.

Finalement, quand vous vivez votre vie intentionnellement en écoutant réellement votre cœur dans le présent, quand vous reliez les points de vos 10 dernières années, vous savez que tout a été juste parfaitement tracé.

Êtes-vous intentionnel ?

Écoutez-vous votre cœur ?

Courez vers l'accomplissement de vos rêves, vos projets, votre mission, votre cause et gagnez votre course.

Daniela

L'autodiscipline

« Les obstacles n'obstruent pas le chemin. Ce sont les obstacles qui font le chemin. »

— Anonyme

La vie est un voyage assimilable à un marathon, qui ne s'arrête qu'au moment de la mort.

Dans ce marathon, nous allons faire face à une montagne de moments inconfortables et, pour pouvoir les affronter efficacement, nous devons nous débarrasser de tout ce qui n'est pas strictement nécessaire.

Croyez-vous pouvoir participer à une course avec un manteau d'hiver ? Ou des chaussures à talon ?

Il y a des choses qui ne sont pas mauvaises, mais il est possible qu'elles soient un obstacle à notre accomplissement, à la réalisation de ce que nous désirons au plus profond de nous. Ces choses peuvent nous ralentir jusqu'au point de nous éloigner de notre destinée.

Dormir par exemple est très important, mais si nous dormons toute la journée cela va nous empêcher de réaliser nos obligations quotidiennes. Manger est également essentiel, mais manger de manière excessive peut être un danger pour notre santé.

L'athlète dans le marathon de votre vie c'est vous et un athlète est contraint de s'astreindre à une autodiscipline rigoureuse afin de ne pas permettre à ses désirs superficiels de prendre le contrôle.

Un athlète, pendant son entraînement, ne fait rien qui puisse compromettre son projet de victoire.

Entre le jour de votre naissance et le jour de votre mort, il y a une vie qui s'écoule, un marathon dont vous êtes l'acteur principal. Un acteur qui est destiné à remporter des victoires, à réaliser des accomplissements. Cependant, vous ne courrez pas très loin sans autodiscipline.

Voici deux clés pour vous débarrasser des choses qui ne sont pas alignées avec votre marathon :

1. Décision
2. Action

Décision + Action = Résultat. La motivation va vous aider à faire le premier pas dans vos entreprises, mais c'est l'habitude qui va vous permettre de conserver l'autodiscipline.

Mais quelle décision prendre ? Une décision alignée avec votre marathon.
Quelle action effectuer ? Une action qui va vous rapprocher de la victoire désirée.

Faites-le ! Car, que vous le vouliez ou pas, vous êtes dans le marathon de votre vie et un marathon bien calculé est préférable à un marathon laissé au hasard.

Cours vers l'accomplissement de tes rêves, tes projets, ta mission, ta cause et gagne ta course.

Daniela

La perte

« Les nouveaux débuts sont souvent déguisés en douloureuses fins. »

— Lao Tzu

Perdre quelque chose est une expérience vécue par la plupart des personnes : perdre une maison, de l'argent, un être cher, la santé, etc.

Au cours du voyage de la vie, nous aurons des pertes. Il est clair que la perte est inconfortable, mais nous devons être conscients et prêts pour la perte. Cela peut se produire, car rien de ce que nous avons n'a une stabilité absolue et, c'est sur ce point que je souhaite attirer ton attention.

Je veux te parler des choses puissantes qui ne peuvent pas être volées :

1. Tu peux perdre tes yeux, mais pas ta vision.

2. Tu peux perdre ta force, mais pas la source de ta force.

3. Tu peux être enfermé, mais ta mentalité ne peut pas être volée.

4. Tu peux être en retard, mais ta destination reste intouchable.

Les pertes ne font pas de toi un « sans espoir ». Quel que soit ce que tu aies perdu, ta vie n'est pas finie.

Que se passe-t-il quand on arrache des fruits à un cerisier ? Tout simplement, il continue à en donner.

Quelle que soit ta perte, tu pourras continuer à donner des fruits, la seule condition pour cela est de continuer à être enraciné dans : ta vision, ta source, ta mentalité et ta destination.

Tu n'as pas tout perdu, il te reste quatre choses, qui ne peuvent pas être volées, pour que tu puisses te relever.

Vision, source, mentalité, destination.

La situation de perte n'est pas permanente. Lève-toi, prends tes béquilles, ton lit, ton fauteuil roulant, ta douleur, ta frustration ET MARCHE.

Cours vers l'accomplissement de tes rêves, tes projets, ta mission, ta cause et gagne ta course.

Daniela

L'acceptation

« Accepte ce qui est, laisse aller ce qui était et aie confiance en ce qui sera. »

— Bouddha

Selon le dictionnaire LAROUSSE, l'acceptation est le fait d'être d'accord avec quelque chose.

Dans le processus de croissance, je crois que ce qu'il y a de plus difficile c'est l'acceptation.

Accepter que ta maman ne t'ait jamais aimé et que ta fratrie te haïsse, car tu as accompli beaucoup de choses grâce à tes choix. C'est la situation d'une personne que j'ai accompagnée pendant plusieurs années.

Cette personne est une fille impressionnante par sa sagesse et sa maturité, mais elle devait accepter sa situation et faire le deuil. Ce fut très difficile. Malgré son déchirement, entre deux larmes, elle réussissait ses entreprises et continuait vers le sommet.

Il est bien plus facile de parler de l'acceptation que de la vivre. Malheureusement, nous allons devoir apprendre à naviguer au milieu et avancer.

Mais comment faire pour avancer au milieu de la douleur générée par l'acceptation ?

Savoir qu'un être cher existe physiquement, mais que, dans la réalité, il est décédé moralement.

Ce décès moral peut être porté à notre connaissance de manière plus ou moins pénible. Nous pouvons l'apprendre par exemple à l'occasion d'un acte de trahison. Ce fut le cas d'un ami qui me partagea son expérience sur le sujet. Ainsi, alors qu'il était associé avec son meilleur ami et que leur société était devenue prospère, l'ami en question trahit son engagement en volant beaucoup d'argent et des clients.

Que nous l'acceptions ou pas, que nous la modifiions pour qu'elle soit moins difficile, la réalité reste la réalité. Quand nous sommes dans nos états de vulnérabilité les plus forts, nos seules alliées pour nous relever sont nos croyances et nos convictions.

En quoi crois-tu ?

Ta croyance et ta conviction sont les seules qui t'aideront pour continuer à courir vers ta destination.

Quand nous vivons la douleur depuis la bonne perspective, nous pouvons ressortir de cette phase avec un « nouvel envol de renaissance » tel que le processus transformationnel de l'aigle enseigné depuis le XIII siècle.

En effet, selon cet enseignement, l'aigle est conscient de la raison de sa douleur, mais, dans son déchirement, il continue sa transformation pour mieux vivre par la suite.

Nous ne vivons pas à travers ce que nous voyons ou ressentons, mais plutôt par ce que nous croyons.

À la suite d'une nouvelle dramatique, il m'est arrivé de rester au ralenti. J'accumulais sur ma table de chevet des mouchoirs, des livres, des cahiers, des tasses de thé et, quand il n'y avait plus de place, alors tout commençait à s'étaler au sol, sur la coiffeuse, dans le lit. Mon pas d'action chaque jour fut de jeter un mouchoir, de ranger un livre, une tasse, jusqu'à ce que la surface de ma chambre soit de nouveau visible.

Quel est ton prochain pas d'action pour te sortir vivant de ton face-à-face avec l'acceptation ? Fais juste un pas après l'autre, aussi insignifiant puisse-t-il paraître et, ensuite, recommence encore une fois un pas après l'autre et encore une fois et encore une fois et encore une fois...

Cours vers l'accomplissement de tes rêves, tes projets, ta mission, ta cause, et gagne ta course !

Daniela

L'excellence

« L'excellence est un art que l'on n'atteint que par l'exercice constant. Nous sommes ce que nous faisons de manière répétée. L'excellence n'est donc pas une action, mais une habitude. »

— Aristote

Chaque fois que j'échange avec mes pairs sur ce sujet, il s'avère souvent que la perception d'excellence est associée à la perfection et à des résultats considérés sans reproche selon un certain code de critères que j'appelle « code d'excellence d'un mental absolu ».

Cependant, si nous analysons factuellement l'excellence et les excellents résultats, il existe une dissociation.

Une personne médiocre ou peu développée peut avoir des résultats excellents, car les résultats sont l'aboutissement d'une démarche rigoureuse et disciplinée.

De même, une personne d'excellence peut avoir des résultats médiocres.

Qu'est-ce donc que l'excellence ?

L'excellence est l'amélioration constante d'une personne. Cette amélioration permanente fait d'elle une personne d'excellence.

Chaque résultat constitue un maillon s'ajoutant à une chaîne de résultats de haut niveau. Grâce à l'amélioration constante, nous allons de manière naturelle produire des résultats de plus en plus excellents.

L'excellence fait partie de mes valeurs fondamentales. Je n'aime pas seulement avoir un excellent résultat, mais une série de résultats excellents, cela fait partie intégrante de qui je suis.

Avoir un résultat excellent est facile, mais être une personne d'excellence est très difficile, car cela exige discipline et rigueur.

Pour certaines personnalités, la discipline et la rigueur restent inatteignables dans leur croyance limitante, pour d'autres ce trait de caractère est naturel.

Dans les deux cas, l'excellence reste un chemin qui se travaille et se développe.

Êtes-vous une personne d'excellence ?

Courez vers l'accomplissement de votre rêve, votre projet, votre mission, votre cause et gagnez votre course

Daniela

Attraction, rejet et magnétisme

« Une des raisons pour lesquelles les gens ne réalisent pas leurs rêves est qu'ils souhaitent changer leurs résultats sans avoir à changer leur mode de pensée. »

— John C. Maxwell

Une des définitions de « attraction » selon LAROUSSE est : une action exercée sur quelqu'un par quelqu'un ou par quelque chose qui éveille en lui un intérêt puissant, intellectuel ou affectif.

Si vous avez une pièce sale, désorganisée avec des déchets de nourritures, il est fort possible que des souris soient attirées par cette pièce.

Au contraire, si votre pièce est propre et bien rangée, vous n'aurez possiblement pas de problème de souris.

Est-ce que cela laisserait comprendre que les souris rejettent les pièces propres ? Eh bien je ne sais pas, mais il y a une chose qui semble évidente : les espèces ont tendance à être attirées et à se diriger vers ce qui est comme elles de manière toute naturelle.

J'ai mis du temps à comprendre la relation étroite existante entre le rejet et le principe de l'attraction.

Vous êtes-vous déjà senti rejeté ?

Le rejet est quelque chose de négatif, il s'agit de l'action de renvoyer hors de soi.

Et si vous changiez d'angle dans la manière de voir le rejet et que vous commenciez à le voir comme un manque de magnétisme ? Cela vous éviterait des blessures et de conserver en vous un manque de pardon.

« Le rejet » est un allié dans votre vie tout simplement, car il vous rend service. Il fait du nettoyage sans que vous fassiez quoi que ce soit. Ce nettoyage se fait tout seul de manière naturelle tout comme pour notre histoire de souris.

Le rejet ou le manque de magnétisme vous met également en garde sur l'endroit où se trouvent certains aspects de votre personnalité, votre maturité intellectuelle, spirituelle, émotionnelle.

Deux personnes marchent-elles ensemble sans s'être mises d'accord au préalable ?

Deux domaines clés dans le principe du magnétisme entre les personnes sont :

1. Le cadre de vie.

2. Les valeurs.

Ces deux caractéristiques permettent de marcher ensemble vers un même objectif.

L'accomplissement ou pas dans vos entreprises, votre famille, votre mariage, vos finances, votre développement personnel, donnent comme résultat un être soit en parfaite harmonie et équilibré, soit avec des troubles psychopathologiques entre autres.

Quel type de personne attirez-vous ?

Courez vers l'accomplissement de vos rêves, vos projets, votre mission, votre cause et gagnez votre course !

Daniela

Le changement

« La folie est de toujours compter de la même manière et de s'attendre à un résultat différent. »

— Albert Einstein

« Changer » c'est presque un gros mot pour certains. Ils croient que changer intentionnellement signifie être quelqu'un rempli d'erreurs à corriger. Certes, nous devons nous corriger ainsi que notre trajectoire, mais dans cet article nous abordons le changement depuis un angle de croissance personnelle.

Selon l'échelle de conscience du docteur Hawkins, quand nous arrivons au niveau du « courage » nous regardons notre
vie et nous décidons de faire quelque chose de meilleur et cela ce n'est pas parce que notre vie est pauvre. Il s'agit plutôt de vivre la vie et non juste de l'occuper.

Le fait est que, que vous le vouliez ou pas, nous sommes en constant changement, mais la problématique est que, quand le changement ne se fait pas de manière intentionnelle, nous faisons face à un hasard permanent. Avez-vous déjà entendu : « ça viendra » ?

La réalité est que non, ce que vous désirez ne viendra pas tout seul.

– De belles relations se construisent.

– Un bel avenir se dessine chaque jour.

– Des entreprises réussies nécessitent de la persévérance.

– Un état émotionnel en équilibre est le résultat d'un travail constant.

– Améliorer nos habitudes, nos fréquentations, notre langage, nos pensées...

Nous n'arrivons pas à l'état désiré par hasard. Nous devons changer intentionnellement chaque jour.

Nous arrivons à la fin de cette année. L'avez-vous juste occupée ? Ou l'avez-vous vécue ?

Quels sont vos changements intentionnels pour la nouvelle année ?

Courez vers l'accomplissement de vos rêves, vos projets, votre mission, votre cause et gagnez votre course !

Daniela

L'authenticité

« *Nous devons trouver des moyens d'être des agents actifs dans notre vie. Nous devons prendre en main notre propre destinée, nous créer une vie qui a de la substance et commencer vraiment à vivre nos rêves.* »

— Les Brown

Selon diverses sources, l'authenticité est quelque chose qui n'a pas subi de modification, c'est quelque chose d'exact, de réel. L'authenticité est une valeur qui incarne la sincérité, la vérité.

Pour diverses raisons, il est difficile pour certains d'être authentiques.

Ce manque d'authenticité peut conduire les personnes dans la « survie émotionnelle » et, dans certains cas, entraîner des troubles de la personnalité affectant de manière directe l'identité personnelle.

Il est important d'être qui tu es réellement avec tes forces et ta vulnérabilité, tout simplement parce que le monde, ton monde et ton environnement ont besoin de toi.

Tu es un être unique, il n'y a pas un autre être comme toi, avec ton expérience, ton passé, tes erreurs, tes réussites, tes talents.

Ton chemin a façonné qui tu es d'une manière spéciale.

Bien plus que tu ne l'imagines, ton vrai toi a beaucoup à donner afin d'améliorer notre monde, ton voisinage, ton lieu de travail.

Si aujourd'hui tu es authentique, continue et aide d'autres personnes à avancer dans ce domaine.

Si tu luttes avec un manque d'authenticité, commence à être qui tu es avec tes valeurs, tes croyances, tes convictions partout et avec tous en respectant la carte du monde de chacun.

Les musées sont ce qu'ils sont grâce à l'authenticité de chacune de leurs pièces. Quand nous les visitons, nous sommes émerveillés d'observer autant de pièces différentes, uniques et réelles réunies.

Ne perds plus ton temps à vouloir être qui tu n'es pas. Tu ne seras jamais comme ton voisin parce que chaque personne dans le monde est une pièce unique.

Qui es-tu ?

Courez vers l'accomplissement de vos rêves, vos projets, votre mission, votre cause et gagnez votre course !

Daniela

Ta faiblesse est ta force

« Vos circonstances actuelles ne déterminent pas où vous pouvez vous rendre ; elles déterminent simplement où vous pouvez débuter. »

— Nido Qubein

Dans un livre de littérature ancienne, j'ai lu des réflexions véhiculant ce message : « quand je suis faible, c'est alors que je suis fort ».

Je trouvais que c'était difficile à comprendre, mais quand nous observons la tour de Pise, nous pouvons dire que c'est une tour qui avait très mal commencé.

Selon les historiens, au moment de sa construction, il y avait des difficultés liées au sol et, en plus de cela, alors qu'ils construisaient les fondations, tout a dû s'interrompre en 1178 à cause de différents conflits, pour reprendre seulement en 1230 sous la direction d'un architecte qui a abandonné. Par la suite, les travaux ont été repris et interrompus à deux reprises.

L'histoire de la tour de Pise enseigne qu'une situation actuelle ne détermine pas ton avenir. Elle t'indique juste le lieu où commencer.

Nous savons que c'est grâce à son « défaut » que la tour de Pise a autant de succès. Elle accueille 167 393 visiteurs par an.

« Quand je suis faible, c'est alors que je suis fort » prend tout son sens.

Te sens-tu faible ? Tu as peut-être très mal commencé ta route, tu t'es peut-être trompé de rêve, ou alors tu t'es écarté du chemin qui t'amène où tu as toujours rêvé d'être, ou alors il s'agit de ton passé, un décès...

Quels sont tes défauts qui, selon toi, t'empêchent d'atteindre les résultats désirés ? Ces « défauts » sont ta force parce que ça façonne qui tu es.

Quel est ton prochain pas d'action pour faire de ta tour penchée une merveille du monde ?

Comme la tour de Pise, commence où tu es, avec tes « défauts de sol et autres ».

Cours vers l'accomplissement de tes rêves, tes projets, ta mission, ta cause et gagne ta course.

Daniela

DU MÊME AUTEUR

Une vie remplie de sens

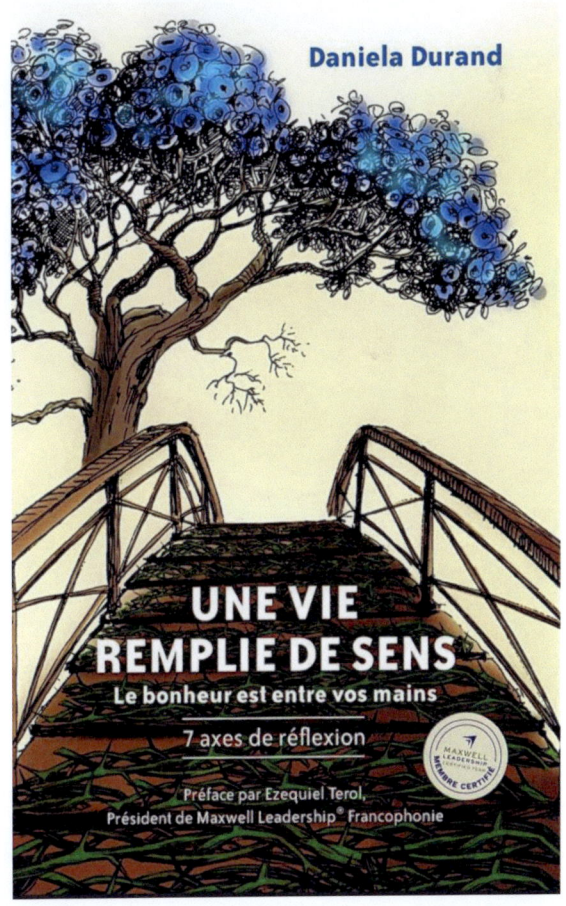

La puissance de la réflexion

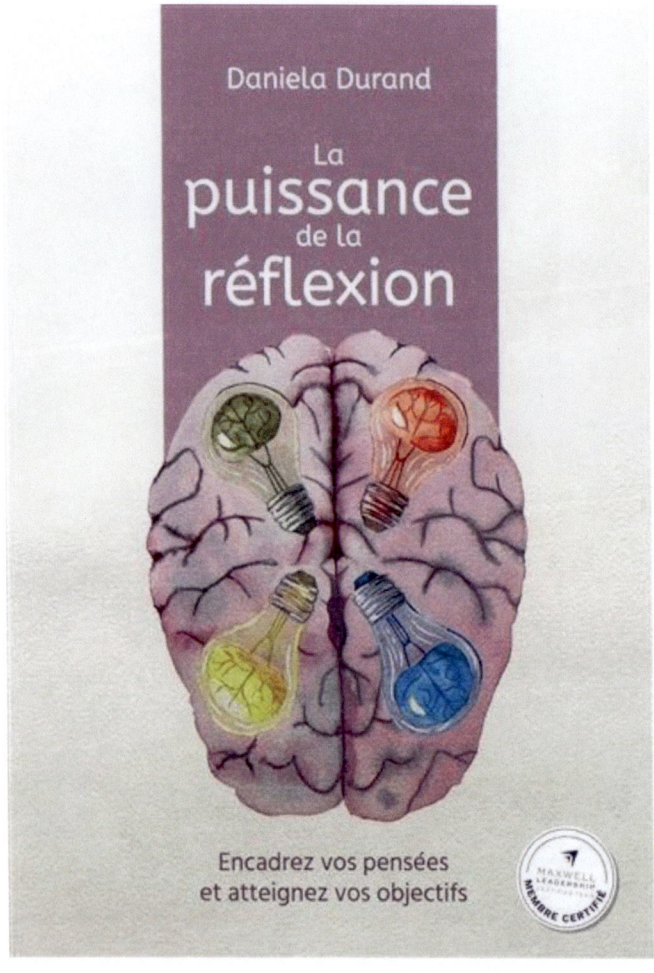

INFORMATIONS PRATIQUES

Vous pouvez retrouver sur le blog de Daniela Durand tous les articles que vous avez lus dans cet ouvrage.

Si vous souhaitez avoir des renseignements sur les différents services proposés par AMAV accompagnement professionnel®, envoyez-nous un e-mail à :

contact@amav-accompagnement.fr

Pour suivre Daniela DURAND

| Facebook | Instagram | YouTube |

www.AMAV-accompagnement.fr

RÉFÉRENCES

[1] https://www.nationalgeographic.fr/histoire/les-grottes-de-qumran-la-caverne-dali-baba-des-premiers-textes-bibliques#:~:text=En%201947%2C%20de%20jeunes%20chevriers,grottes%20de%20Qumran%2C%20en%20Cisjordanie.

[2] John C. Maxwell, *No Limites*

[3] Covadonga O'shea, *Asi es Amancio Ortega, el hombre que creo Zara: lo que me conto de su vida y de su empresa*

[4] John C. Maxwell, *Du rêve à la réalité*

[5] John Griffin, *Conférence Maxwell Leadership Paris 2023*

[6] https://www.bbc.com/afrique/articles/ck5yl5p43xko

[7] John C. Maxwell, *No Limites*

[8] *file:///C:/Users/danie/AppData/Local/Microsoft/Windows/INetCache/IE/LW3VI2Y1/communique-presse-mesbienfaits[1].pdf*

[9] https://www.bbc.com/afrique/articles/crg77w7w4kyo#:~:text=%22Je%20sais%20que%20deux%20et,est%20allé%C3%A9%20beaucoup%20plus%20loin

[10] https://www.positran.fr/lauthenticite-vivre-en-accord-avec-soi-meme/

Les écrits de Daniela Durand dans cet ouvrage ont été produits sans intelligence artificielle.